쉽게 만들어 입는 옷 15

매일 입고 싶은
스타일리시한 옷

즐거운상상

Contents & Index

photo page / how to make page

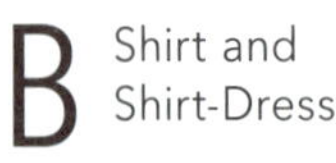

A Stylish Jacket and Vest
스타일리시한 재킷 & 베스트

세로로 긴 산뜻한 실루엣에 심플한 V넥, 움직임이 편하면서도 아름다운 실루엣까지 갖춘 아우터 패턴. 소매 유무와 길이 차이에 따라 4가지 아이템을 만들 수 있습니다. 단춧구멍과 주머니는 몸판의 절개선을 이용해 만들었어요. 부드러운 옷감부터 겨울용 두툼한 옷감까지, 여러 가지 원단으로 멋지게 만들 수 있어요.

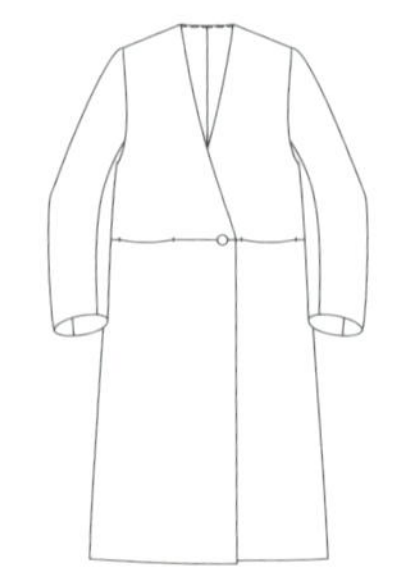

B Shirt and Shirt-Dress
소매를 선택할 수 있는 셔츠 & 셔츠원피스

긴소매, 반소매, 민소매를 선택할 수 있는 밴드칼라 셔츠원피스로 계절마다 원하는 스타일로 만들 수 있습니다. 몸판은 깔끔하게 떨어지는 세로 라인, 주름 절개선 위치와 볼륨감에 특히 신경을 써서 완성했어요. 밑단 디자인을 스타일리시한 셔츠로 응용하는 것도 추천합니다.

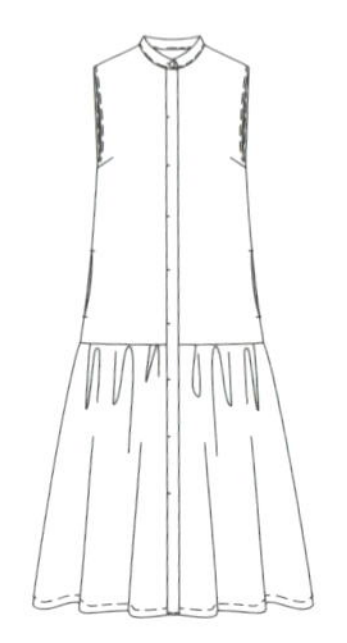
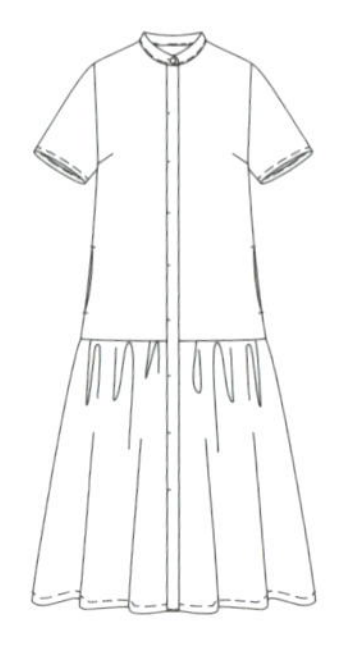

C Front-Designed Blouse and Dress
드로스트링 디자인 블라우스 & 원피스

체형이나 나이에 상관없이 누구에게나 잘 어울리는 긴소매 원피스를 강력 추천합니다. 스커트 밑단에 아름다운 플레어를 연출하면서 허리선보다 높은 위치에 드로스트링 스타일로 주름을 넣어 형태를 잡아 세련된 A라인 실루엣을 완성했어요. 프렌치 소매와 블라우스길이 패턴도 포함되어 있습니다.

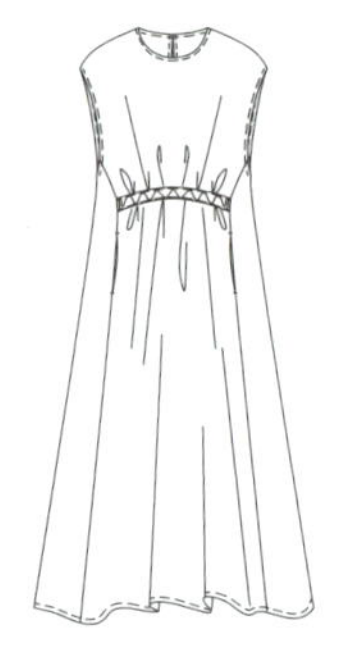

D Relax Blouse and Dress
릴랙스 블라우스 & 원피스

앞요크, 뒤요크, 앞판, 뒤판만으로 구성된 미니멀한 패턴의 옷입니다. 시원하고 가벼운 착용감과 신경 쓰이는 팔뚝을 살짝 가려주는 소매 덕분에 여름철에 폭넓게 활용할 수 있는 필수 아이템. 원피스 버전은 밴드칼라를 더한 디자인으로 소개합니다. 블라우스도 밴드칼라로 만들 수 있어요.

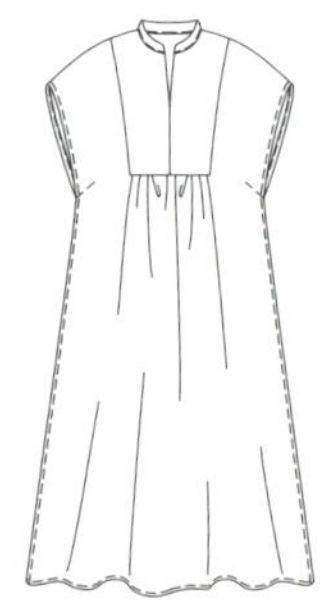

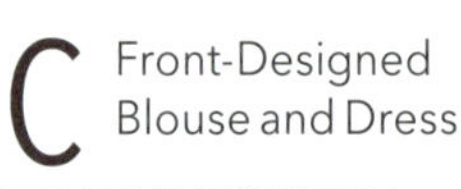

E Shawl-like Gilet Jacket and Gawn

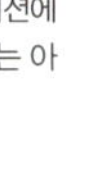

숄스타일 오픈 재킷과 로브

앞판 어깨선에 주름을 잡아 목둘레 주변에 드레이프가 생기는 디자인입니다. 체형을 커버할 수 있어 좋아요. 앞을 여미지 않고 가볍게 걸쳐 입을 수 있어, 숄처럼 두르거나 재킷처럼 걸쳐도 잘 어울립니다. 코디네이션에 따라 다양한 분위기를 낼 수 있는 아이템입니다.

E1 page 32 / page 72
베스트

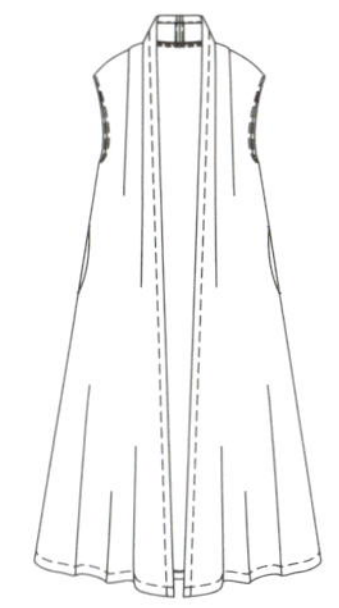

E2 page 34 / page 70
롱베스트

E3 page 36 / page 71
오픈 재킷

E4 page 30 / page 68
롱로브

F Dress Apron

스타일 좋은 원피스 앞치마

원피스처럼 입을 수 있는 앞치마 디자인입니다. 집안일을 할 때는 물론, 원피스 위에 겹쳐 입거나 티셔츠와 바지 같은 평상복 위에 가볍게 걸쳐 외출복으로 활용할 수 있습니다. 어깨끈으로 길이와 허리조임을 조절할 수 있어 실용적이면서도 스타일을 살릴 수 있는 아이템입니다.

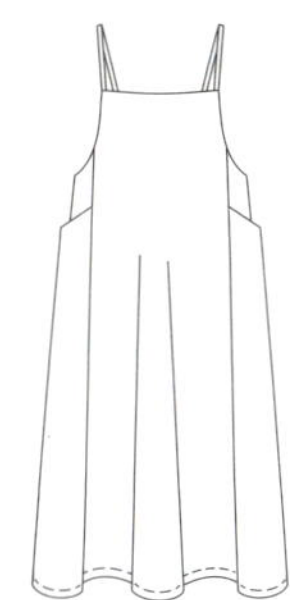

F1 page 22 / page 73
블랙 원피스 앞치마

F2 page 24 / page 73
데님 원피스 앞치마

G Front Tucked Pants

실루엣이 예쁜 앞주름 팬츠

앞쪽 가운데 있는 주름이 디자인 포인트. 허리에 여유가 있어 활동하기 편하고 실루엣이 단정해 깔끔한 느낌을 줍니다. 롱 기장은 물론, 크롭 기장으로 변형해 입을 수 있어 다양하게 활용할 수 있는 기본 아이템입니다.

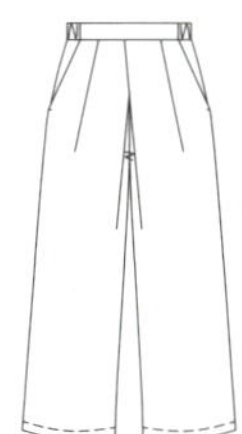

G1 page 5 / page 75
앞주름 롱팬츠

G2 page17 / page 75
앞주름 크롭팬츠

H Tucked Skirt

랩스타일 주름스커트

허리둘레에 주름을 넣어 풍성하게 퍼지는 실루엣의 스커트. 겹쳐 입는 랩스타일과 주름스커트의 장점을 살려 움직일 때마다 자연스러운 드레이프가 생깁니다. 길이에 따라 다양한 분위기를 낼 수 있어 활용도가 높습니다.

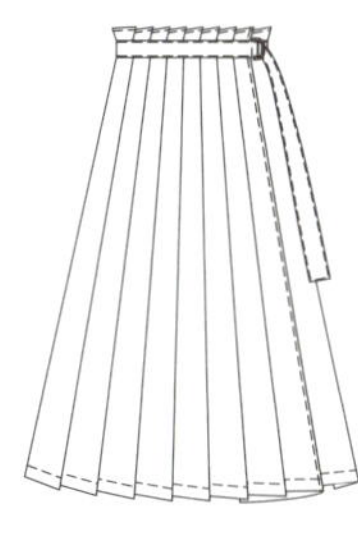

H1 page 6 / page 78
랩스타일 롱주름스커트

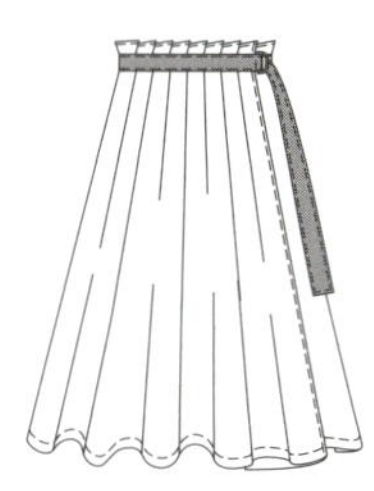

H2 page8 / page 77
랩스타일 미디주름스커트

About Us page 42
Sewing Instructions page 44
How to make page 50
부록 실물 크기 옷본

● 사진 속 모델은 키 167cm, 착용 사이즈는 M 사이즈(스커트는 S)입니다.

● 이 책에 실린 작품을 복제하여 판매하는 것은 금지되어 있습니다.

● 손바느질과 재봉을 즐기기 위한 용도로만 사용해주시기 바랍니다.

A2

how to make
page
61

롱베스트

세련된 세로라인을 강조한 슬림한 실루엣의 롱베스트입니다. 뒤쪽 벨트가 디자인 포인트가 되어 걸쳐 입는 것만으로도 스타일리시하게 연출할 수 있어요. 코튼 리넨 소재로 만들어 적당히 캐주얼한 느낌을 주며 화이트 셔츠와 매치하면 봄부터 가을까지 다양하게 활용할 수 있어요.

4

G1

how to make
page
75

앞주름 롱팬츠

롱베스트와 같은 옷감으로 팬츠를
만들면 세트업으로 입을 수 있어요.
앞쪽 허리에 주름을 넣어 다리 라인
을 드러내지 않아 편안하게 입을 수
있답니다. 세련된 실루엣을 살린 와
이드 팬츠입니다.

랩스타일 롱주름스커트

깔끔한 느낌의 흰색 플리츠 스커트
는 단정하게도, 캐주얼하게도 입을
수 있는 아이템입니다. 만드는 방법
은 단순하지만 기성품 수준의 세련
된 스커트이지요. 차분하게 떨어지
는 원단을 사용하면 걸을 때마다 살
랑살랑 흔들리는 실루엣을 즐길 수
있어요.

A1

how to make
page
61

베스트

4페이지 A2의 롱베스트를 짧게 변형한 버전입니다. 코디의 완성도가 높아지는 인기 아이템으로 어느 자리에든 두루 잘 어울립니다. 네이비 색으로 만들면 캐주얼하게 입을 수도 있고 격식 있는 옷차림에도 매치가 가능합니다.

랩스타일 미디주름스커트

6페이지 H1의 롱주름스커트와 같은 패턴입니다. 허리 부근에만 턱(주름)을 박아 고정해서 밑으로 갈수록 풍성하게 퍼지는 실루엣으로 완성. 볼륨감 넘치는 흔들림을 즐겨보세요.

셔츠

단순하면서도 라인이 예쁜 셔츠입니다. 앞부분은 단추가 겉으로 보이지 않는 스타일이라 단춧구멍 작업이 서툴러도 괜찮아요. 밑단은 앞뒤 기장이 다르고 슬릿이 있는 디자인으로 안단을 달아 마감했어요. 옆선 슬릿부터 밑단까지 이어지는 라인이 멋스럽습니다. 다른 아이템과 매치하기 좋아서 이 책에서도 여러 번 넣을 정도로 꼭 추천하고 싶은 아이템입니다.

B3

긴소매 셔츠원피스

앞페이지 B4의 셔츠 원피스를 변형한 디자인. 로우웨이스트에 개더 절개 디자인으로 위치와 볼륨을 여러 번 수정해 더 편안하게 입을 수 있도록 완성했어요. 손이 길고 가늘어 보이게 해주는 커프스의 트임은 뾰족 단을 박지 않아도 멋스럽게 완성할 수 있어요. 커프스를 접어올려 입어도 좋습니다.

B1

how to make
page
63

민소매 셔츠원피스

한여름에도 입을 수 있도록 앞페이지 B3의 원피스를 민소매 버전으로 디자인했어요. 볼륨을 절제한 세로로 떨어지는 실루엣을 그대로 살리고 검정색 코튼원단을 사용하니 멋스럽습니다. 한 벌만으로도 스타일링을 완성할 수 있는 멋진 원피스입니다.

B2

how to make page 63

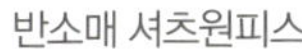

반소매 셔츠원피스

셔츠원피스를 반소매로 만들었습니다. 팔뚝의 신경 쓰이는 부분을 가려주는 느낌으로 디자인했습니다.
옷깃과 단추집덧단의 색상을 바꾸면 분위기가 달라지지요. 자유롭게 변형해서 여러 느낌으로 만들어보세요.

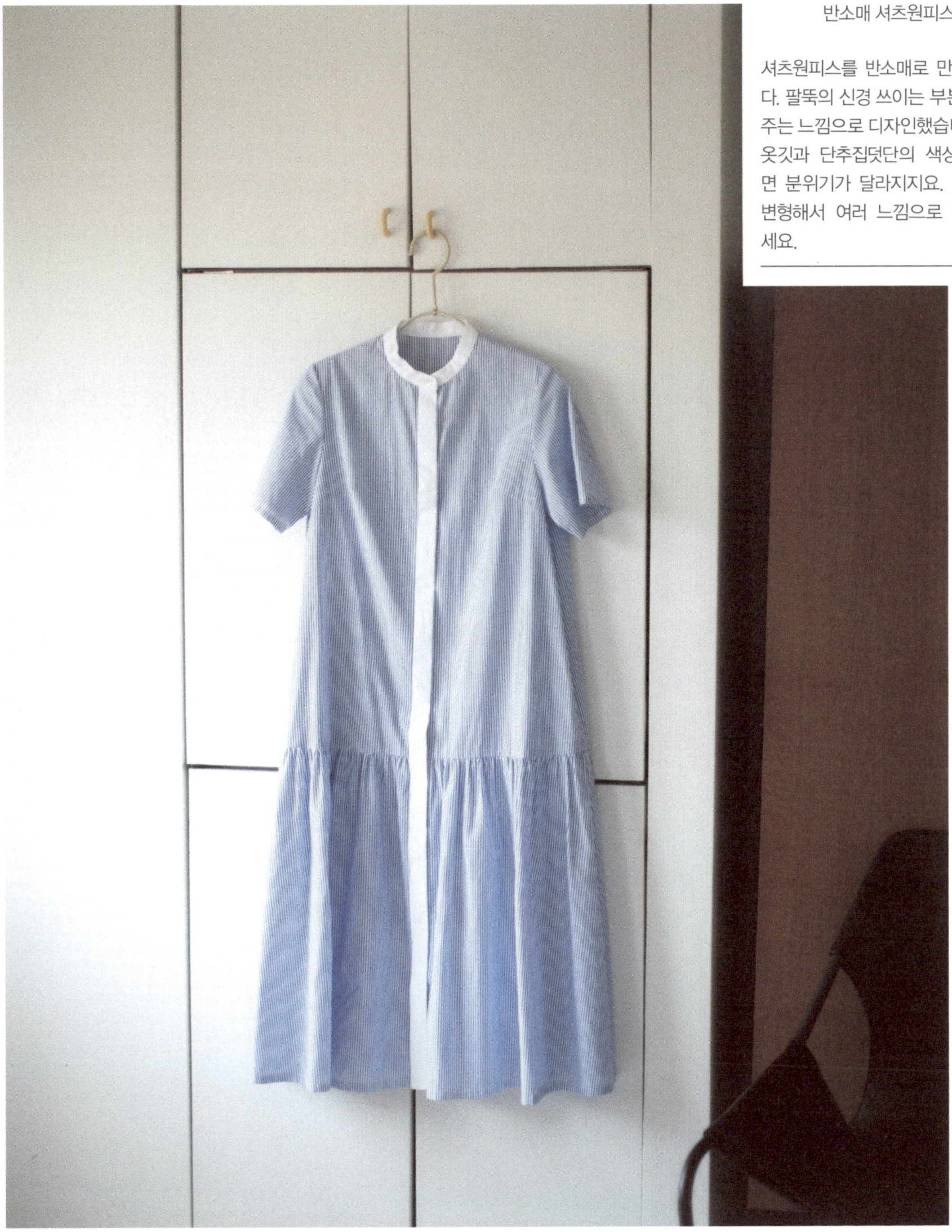

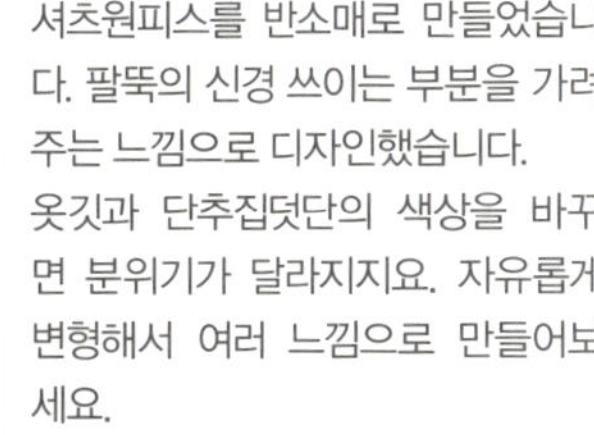

드로스트링 프렌치소매 블라우스

산뜻하면서도 적당한 두께감이 있
는 폴리에스테르 소재로 여름과 잘
어울리는 세트를 만들었어요. 허리
보다 높은 위치에 드로스트링 스타
일로 끈을 넣어서 주름을 만들어 고
정했답니다. 착용감은 그대로 유지
하면서 실루엣에 놀라운 변화가 생
겼습니다. 다른 옷과 매치가 쉬워 손
쉽게 코디할 수 있어요.

G2

앞주름 크롭팬츠

5페이지 G1 롱팬츠의 자매 아이템
으로 밑단폭이 넓은 와이드 크롭팬
츠. 발목이 살짝 드러나는 크롭 디자
인은 다리 라인을 깔끔하고 화사한
느낌으로 연출합니다.

드로스트링 긴소매 블라우스

16페이지 C1 프렌치소매 블라우스
의 긴팔 버전입니다. 환절기에 활용
도가 높아요. 머리부터 쑥 넣어 입
는 편한 아이템이지만 앞부분의 드
로스트링 디자인으로 포인트를 주어
입었을 때 훨씬 멋스러워요. 원단에
따라 캐주얼하게도 시크하게도 연출
할 수 있는 디자인입니다.

드로스트링 프렌치소매 원피스

가볍게 입을 수 있는 원피스. 16페이
지 C1 프렌치소매 블라우스의 기장
을 길게 만들면 휴양지에도 가져가
고 싶은 옷이 되지요. 주름이 예쁘
게 잡히는 원단을 추천합니다. 이 디
자인은 드로스트링 옆의 끈을 늘어
뜨리지 않도록 변형한 버전입니다.
C1~C4까지 각각을 원하는 조합으
로 즐길 수 있습니다.

드로스트링 긴소매 원피스

예식이나 학교 행사, 친구들과의 점심 약속 등 차려입는 자리에 잘 어울리는 패턴을 찾고 있는 분들에게 추천하고 싶은 원피스입니다. 깔끔하게 떨어지는 플레어 라인과 앞부분 디자인으로 은은하게 잡히는 A라인 실루엣. 세련미와 멋스러움을 갖추면서도 만드는 법도 간단해요.

F1

how to make
page
73

블랙 원피스 앞치마

가느다란 어깨 끈이 엣지 있는 원
피스 앞치마입니다. 부드럽게 흐르
는 듯한 질감의 블랙원단으로 만들
면 시크한 스타일을 연출할 수 있어
요. 이너나 매치하는 소품에 따라 격
식 있는 자리에도 캐주얼한 자리에
도 두루 활용 가능한 만능 아이템입
니다.

원피스 앞치마 위에 10페이지 B4의 셔츠를 걸쳤어요.

F2

how to make
page
73

데님 원피스 앞치마

22페이지 F1과 같은 패턴으로 데님 원단을 사용해 캐주얼하게 만들었어요. 주방에서 앞치마로 사용하는 것은 물론, 집 근처에 잠깐 나갈 때도 입을 수 있는 세련된 원피스 앞치마입니다.

D1

how to make
page
55

릴랙스 블라우스

여름철에 입기 좋은 옆트임으로 몸에 달라 붙지 않아 시원하게 입을 수 있는 블라우스입니다. 몸판에서 이어진 소매가 어깨에서 부드럽게 떨어지며 팔뚝을 커버해줍니다. 힙을 충분히 가리는 길이라 안정감도 있습니다. 사진처럼 은은하게 비치는 원단으로 멋스럽게 또는 가벼운 코튼 소재로 캐주얼하게 연출해도 좋아요.

D2

how to make
page
56

릴랙스 원피스

집에서 보내는 시간을 풍요롭게 만
들어주는 특별한 홈드레스를 만들
수 있는 패턴입니다. 앞 페이지 D1의
블라우스에 밴드칼라를 더하고 길이
를 늘린 응용버전이에요. 소매가 없
어 간단하게 만들 수 있어요. 플로럴
프린트 원단으로 만들면 편안한 분
위기가 한층 더 살아납니다.

E4

how to make
page
68

롱로브

앞이 트여 있는 로브입니다. 원단에 따라 코트나 원피스 스타일로 분위기를 다양하게 바꿀 수 있어요. 이 작품에서는 부드러운 흰색 리넨으로 가운 느낌 로브로 만들었어요. 휴일을 한층 기분 좋게 즐길 수 있는 여유로움이 느껴집니다.

E1

how to make
page
72

솔베스트

여름 원피스 위에 편하게 걸치기 좋은 솔 스타일 베스트입니다. 체형을 커버해주고 코디의 포인트가 됩니다. 가볍게 걸치기만 해도 예쁘고, 리본으로 허리를 묶어도 멋스러워요.

E2

how to make
page
70

롱베스트

32페이지 E1 숄베스트 패턴을 길게
변형한 버전입니다. 가을 겨울용으
로 좋은 기모 원단으로 만들면 주름
의 드레이프에도 묵직한 느낌이 생
깁니다. 코트를 꺼내기 전, 간절기용
아우터로 활용해 보세요. 같은 원단
으로 목도리를 만들어 함께 스타일
링해도 좋아요.

※ 같은 소재의 목도리와 함께 매치하면 멋져요.

오픈 재킷

30페이지 E4의 롱로브 패턴을 짧게 변형하면 카디건 스타일의 소프트한 재킷을 만들 수 있어요. 볼륨감이 있으면서 가벼운 울 원단으로 만들면 쌀쌀해지기 시작하는 계절에 외출복으로 딱 좋습니다. 같은 소재의 목도리를 함께 코디하면 한층 귀엽고 멋스러워요.

재킷

7페이지 A1 베스트에 소매를 덧붙인 응용 디자인. 세로라인의 심플한 노칼라 재킷으로 차분하고 지적인 분위기를 연출합니다. 딥브라운 계열의 부드러운 트윌 원단을 사용했어요. 캐주얼한 스커트와 코디하거나 살짝 색다르게 연출해도 멋져요.

A4

how to make
page
58

롱코트

심플한 V넥과 길게 떨어지는 멋스러운 실루엣. 너무 좁지도 넓지도 않은 적당한 소매로 활동성이 좋으면서도 아름다운 코트입니다. 두꺼운 울 소재로 만들면 겨울에 입기 좋고, 도톰한 리넨이나 면마 원단으로 만들면 봄가을에 아우터로 활용하기 좋아요. 안감이 없는 디자인이라 쉽게 도전해볼 수 있습니다.

About Us _ think pattern 씽크 패턴

씽크 패턴(think pattern)은 현역 패터너들이 디자인한 핸드메이드용 패턴 브랜드입니다. '아름다운 실루엣'과 '쉬운 봉제방법'을 모두 실현할 수 있도록 생각한(think) 옷본(pattern)을 판매하고 있습니다.

think pattern의 모든 멤버는 기성복업계에서 활동 중인 전문 패터너입니다. 패터너란 서양식 의복의 패턴을 만드는 사람을 말합니다. 단순히 옷의 실루엣만 그리는 것이 아니라 착용감과 활동성, 스타일링 효과는 물론이고 소재의 특성을 고려한 패턴 조절, 디자인과 소재의 매력을 최대한 살리기 위해 수많은 시행착오를 거듭하는 것이 바로 패턴 제작입니다. 이를 위해서는 의류 제작 전반에 대한 깊은 이해가 필요하지요.

'우리만 할 수 있는 핸드메이드용 패턴을 만들고 싶다.', '옷 만드는 시간이 더 즐거웠으면 좋겠다.' 이런 바람에서 출발해 think pattern이 탄생했습니다. 현재는 오프라인 매장과 온라인 스토어를 통해 패턴을 판매하고 있습니다. 선을 따라 바로 잘라 쓸 수 있는 실물크기 옷본과 만드는 과정을 단계별로 설명한 상세한 제작 레시피로 누구나 쉽게 옷을 완성할 수 있습니다.

이 책에는 저희가 특히 애정을 담아 디자인 한 아이템 가운데 23가지를 엄선해 수록했습니다. 직접 만든 옷을 입는 즐거움이 여러분의 일상에 작은 풍요로움과 다채로움을 더해주기를 바랍니다.

바쁜 일상 속에서도 틈틈이 소잉을 즐기며 완성한 옷을 입는 기쁨을 누려 보세요.

홈소잉을 사랑하는 분들의 옷장 속에 think pattern의 아이템이 자연스럽게 스며들어, 오래도록 아끼며 입고 싶은 특별한 한 벌이 되기를 진심으로 바랍니다.

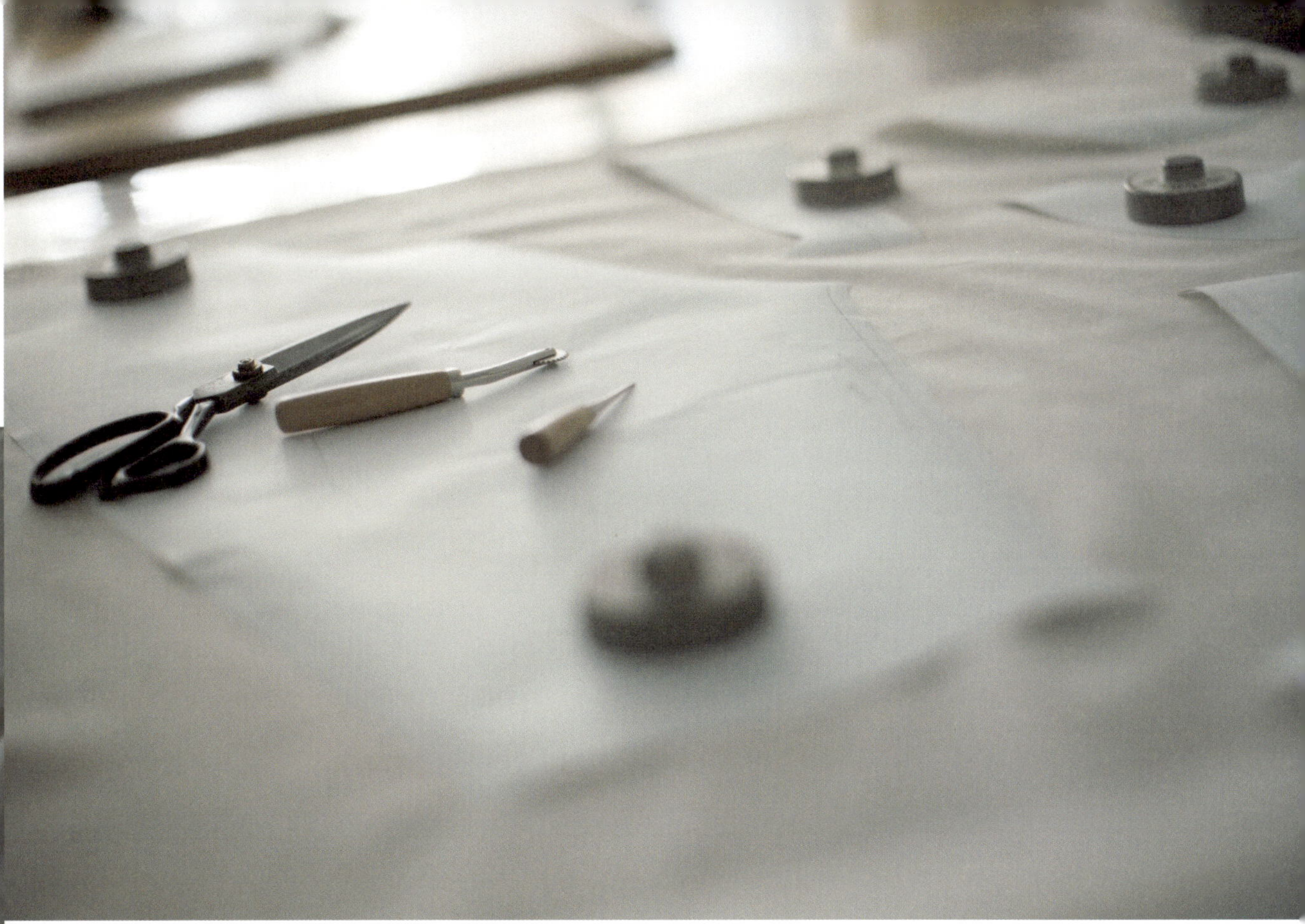

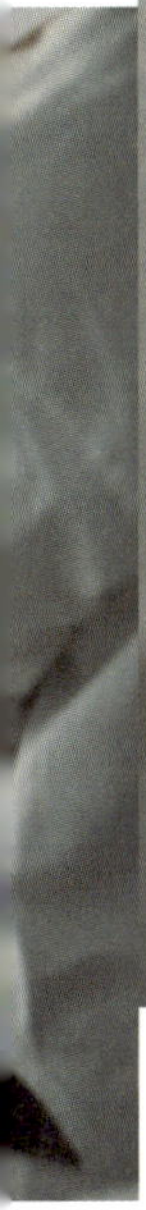

Sewing Instructions

만드는 법 표기에 관하여

- 만드는 법 설명 중 특별히 지정되지 않은 숫자의 단위는 cm입니다.
- 부록인 실물크기 옷본에는 시접이 포함되어 있습니다. 46페이지를 참고하여 패턴지 등의 비치는 종이에 옮겨 그려서 쓰세요.
- 실물크기 옷본에 포함되어 있지 않은 부분은 만드는 법 페이지의 [옷감을 마름질하는 법]에 치수(시접도 포함)가 기재되어 있습니다. 이를 참조하여 옷본을 만들거나 옷감에 직접 선을 그어주세요.
- '옷감을 마름질하는 법'은 배치 예시입니다. 제작 사이즈나 사용하는 옷감에 따라 옷본의 배치가 달라질 수 있으므로 모든 부분이 들어가는지 반드시 확인한 후에 옷감을 마름질하세요.
- '재료' 항목의 고무테이프의 숫자는 시접을 포함한 대략적인 치수입니다. 실제 착용 후 길이를 조절해주세요.

치수표기에 관하여

이 책에 수록된 작품은 아래의 신체사이즈를 기준으로 제작되었습니다. 만드는 법 페이지의 [완성치수]를 참고하여 본인에게 맞는 사이즈를 선택하세요.

size	S	M	L
가슴둘레	80	86	92
허리	64	70	76
엉덩이	86	92	98
키	157~162(공통)		

※ 단위는 cm

완성치수에 관하여

전체길이 스커트길이
뒷중심에서 뒷밑단까지의 길이

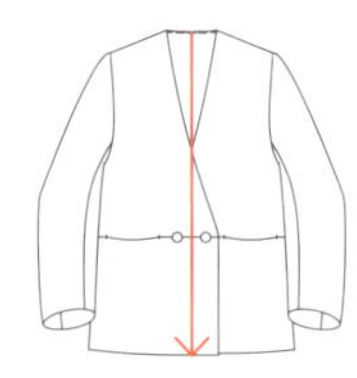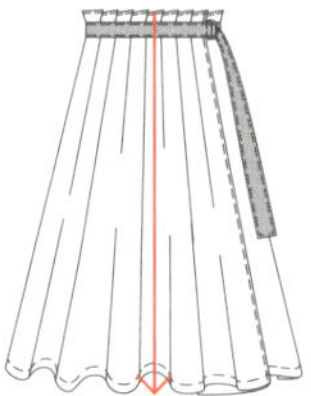

바지길이
허리벨트를 포함한 옆선길이

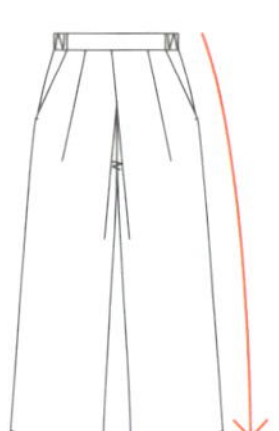

Basic Sewing Tools

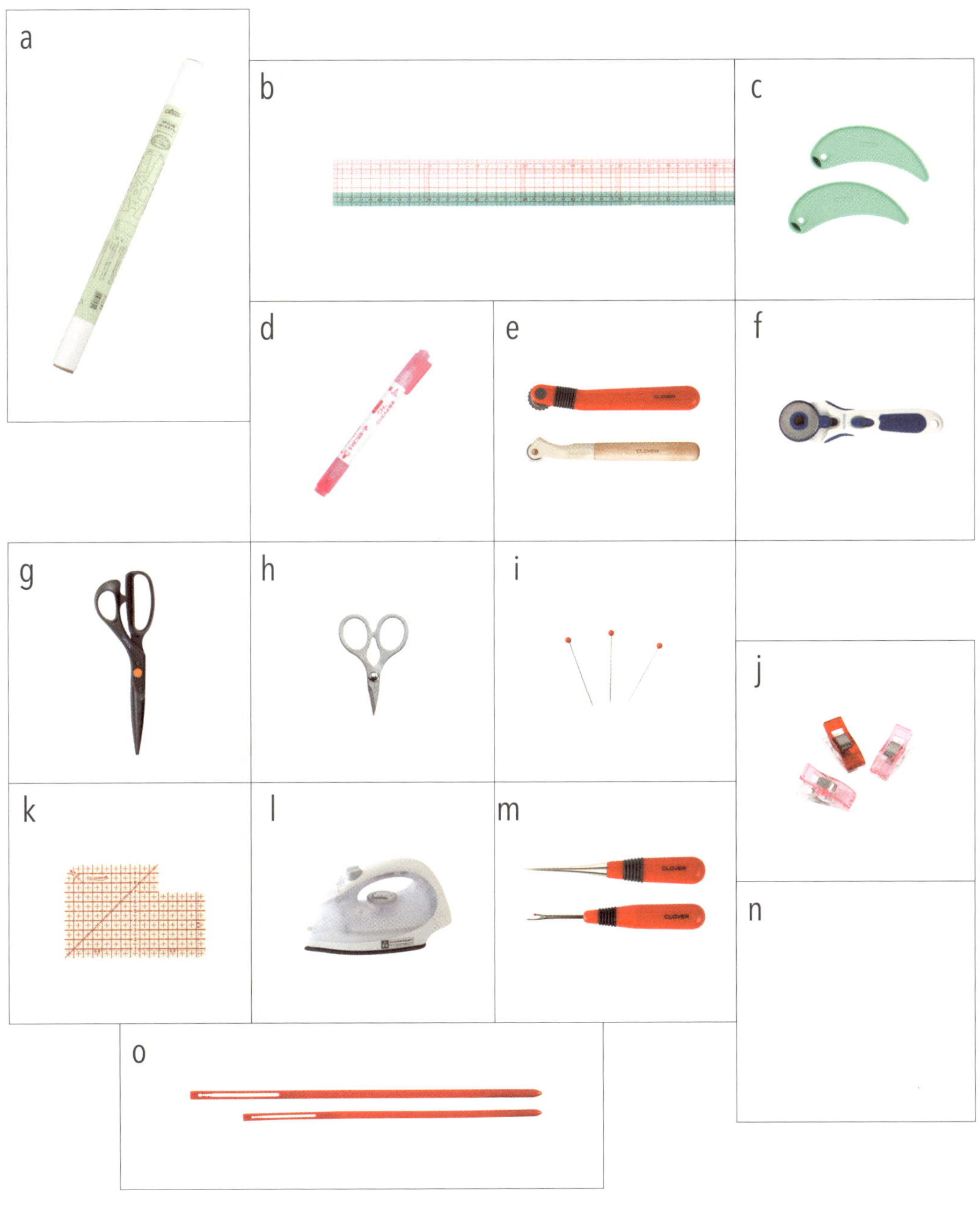

a 패턴지   f 재단칼   k 다리미 시접자   n 늘어남 방지테이프(10mm 폭)

b 모눈자   g 재단가위   l 다리미   o 끈끼우개

c 문진   h 쪽가위   m 송곳, 실뜯개

d 초크펜   i 시침핀

e 룰렛   j 시접고정용 집게

Before You Begin

1 옷감의 올을 바로 잡는다

면이나 리넨 등 세탁하면 수축하는 옷감은 미리 물에 담가놓습니다. 하룻밤 물에 담가두었다가 가볍게 탈수 후 모양을 다듬어 그늘에 말린 후에 식서방향의 뒤틀림을 수직방향으로 정리하면서 다림질합니다.

● 식서방향이란

옷감의 양쪽 끝을 '셀비지'라고 합니다. 셀비지와 평행하면 식서, 수직이면 푸서, 45도이면 바이어스방향입니다. 바이어스방향은 옷감이 잘 늘어납니다. 옷본이나 마름질하는 법의 화살표는 기본적으로 식서 방향입니다.

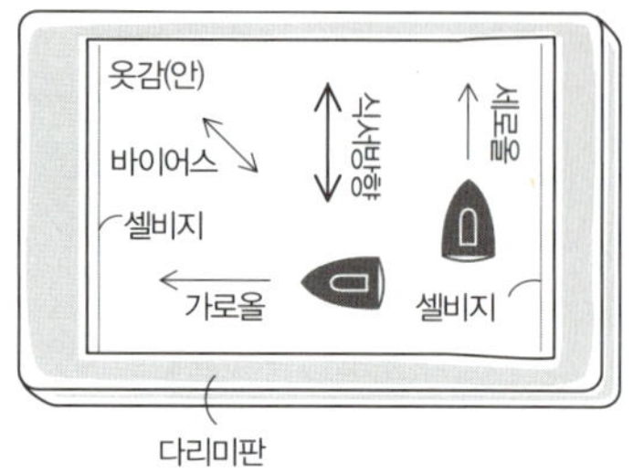

2 실물크기 옷본을 옮겨 그린다

· 부록인 옷본에는 시접이 포함되어 있습니다. 패 턴지와 같은 얇은 종이를 올려놓고 바깥쪽의 굵은 선을 옮겨 그려서 사용하세요. 옷본을 직접 자르지 마세요.
· S사이즈 안쪽에 있는 가는 선은 완성선입니다. 기본적으로 옮겨 그릴 필요는 없습니다. 시접폭은 S사이즈의 굵은선과 이 가는 선 사이의 거리를 참고하거나 각 작품의 [마름질하는 법]에 기재되어있는 숫자로 확인합니다.
· 식서방향선, 맞춤표시 등 아래와 같은 옷본 기호나 주머니 다는 위치 등도 전부 옮겨 그립니다. 부분명도 써두세요.

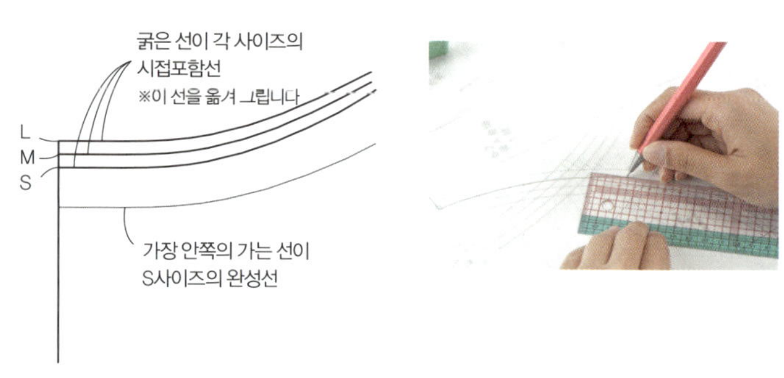

● 옷본 기호

식서방향선
옷감의 식서방향을 표시

골선
옷감을 반으로 접었을 때 접힌 선

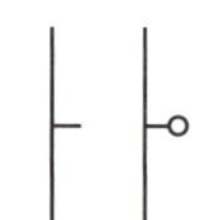

맞춤표시
2장 이상의 옷감을 어긋나지 않게 맞추는 위치

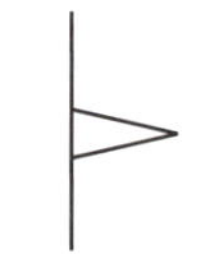

다트
삼각형의 각 정점에 표시를 해둔다

오그리기
성글게 박은 다음 오그려서 입체감을 주고 맞대고 박음질할 끝과 거리를 맞춘다 (60페이지 참조)

늘려박기
맞대는 2장의 옷감 중 더 긴 쪽에 맞춰 살짝 늘려가며 박는다

개더(주름)
주름을 잡는 범위를 표시한다

표시위치
송곳으로 옷본에 구멍을 뚫고 옷감용 펜 등으로 표시를 해두면 좋다

턱(접박기)
주름를 잡는 범위와 방향을 표시한다

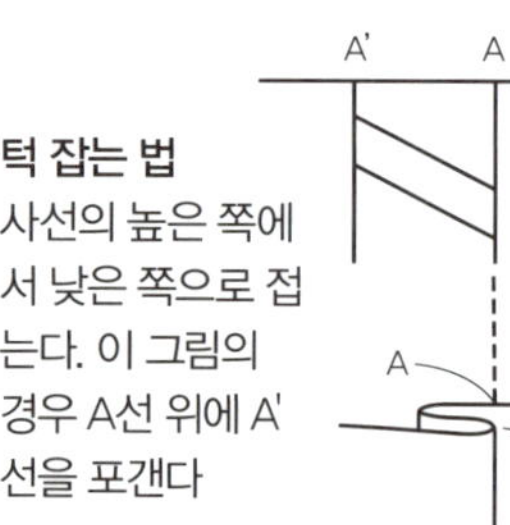
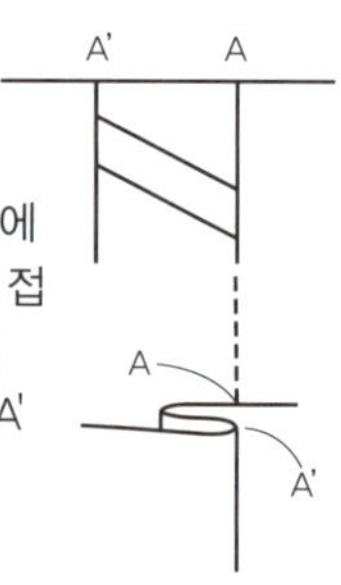

턱 잡는 법
사선의 높은 쪽에서 낮은 쪽으로 접는다. 이 그림의 경우 A선 위에 A' 선을 포갠다

3 옷감을 마름질한다

· 시접이 포함된 옷본을 옷감의 겉면 위에 놓고 옷본의 식서방향선과 옷감의 식서방향이 일치하도록 맞추고
  시침핀으로 고정한 다음 마름질합니다.
· 옷본에 골선 기호가 있는 선은 아래 그림처럼 원단의 접음선에 맞춥니다.

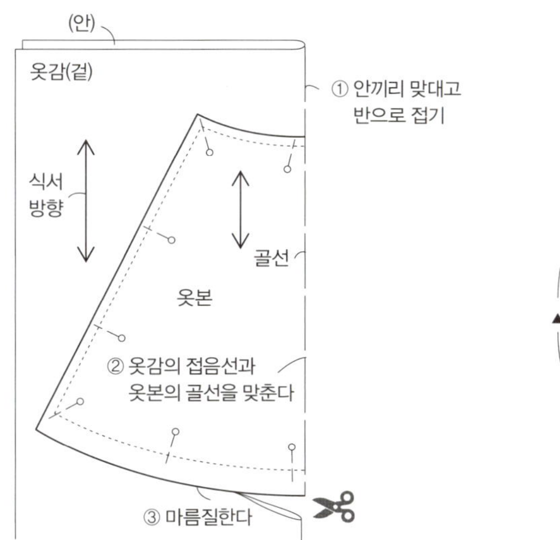

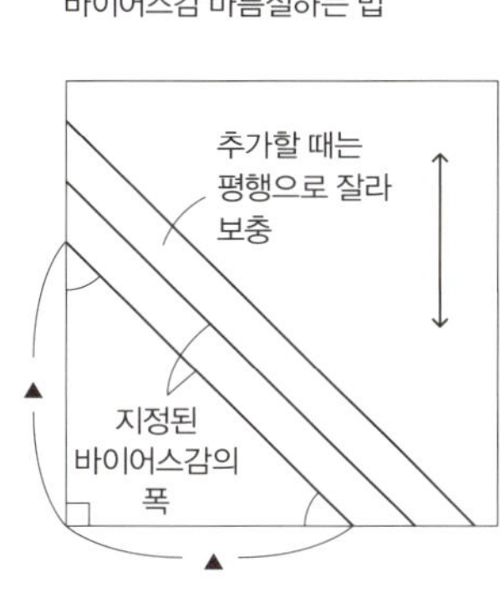

4 옷감에 표시를 한다

· 옷감을 마름질하고 옷본을 떼어내기 전에 맞춤표시나 앞뒤중
  심, 밑단 모서리 등의 시접부분에 가위로 0.3cm 정도의 가위
  집을 넣습니다.
· 주머니 다는 위치나 턱 표시는 초크페이퍼와 룰렛으로 옮겨
  그리거나 송곳으로 포인트에 구멍을 낸 다음 선을 연결해서
  옮겨 그립니다.

5 접착심지를 붙인다

만드는 법 페이지의 [옷감을 마름질하는 법]을 참
조하여 지정된 위치에 접착심지를 붙입니다. 전체
면에 붙이는 경우에는 약간 큼직하게 마름질해서
옷감의 안쪽에 붙인 후 옷본을 옮겨 그려 마름질
합니다. 부분적으로 붙이는 경우는 지정된 크기
로 접착심지를 잘라서 붙입니다.
다리미를 같은 압력으로 약 10초씩 누르며 이동
하면서 빈틈이 없도록 다림질합니다. 열이 식으면
떨어지기 쉬우므로 평평한 곳에 놓고 식혀주세요.

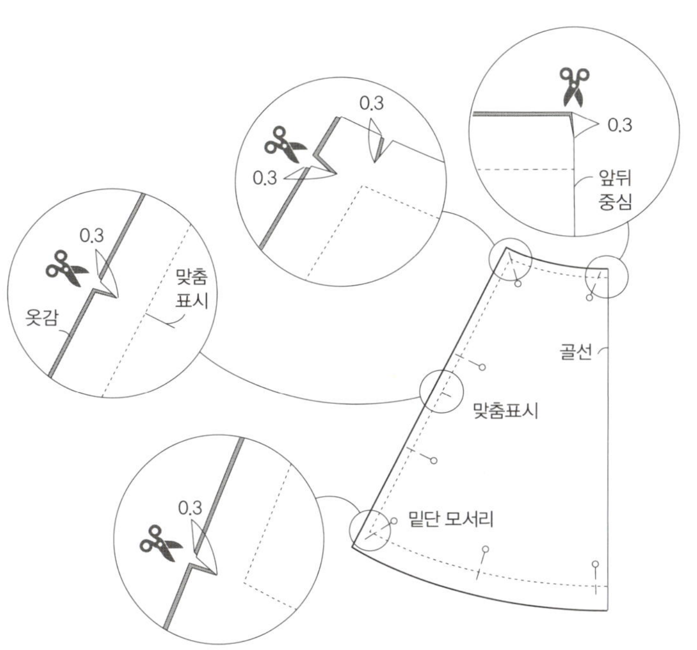

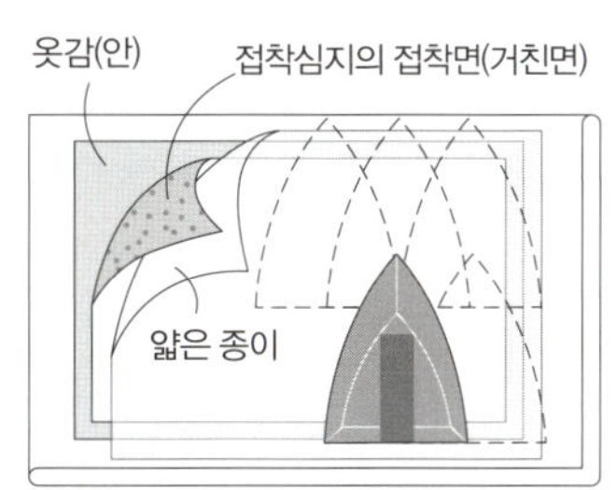

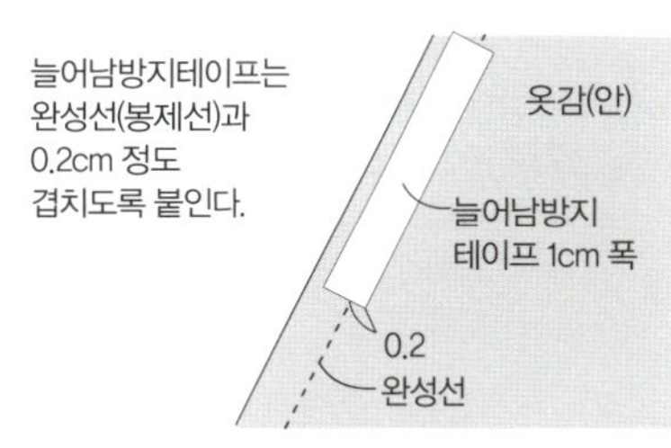

6 시접을 접어둔다

밑단이나 소맷부리를 두 번 접어 마무리할 때
옆선을 박기 전에 옷감이 평평한 상태에서 미
리 다림질해 시접을 접어두는 게 편합니다. 바
이어스감 시접도 박기 전에 다림질해두면 편
하고 깔끔하게 마무리할 수 있습니다. 다리미
시접자를 사용하는 것을 추천합니다.

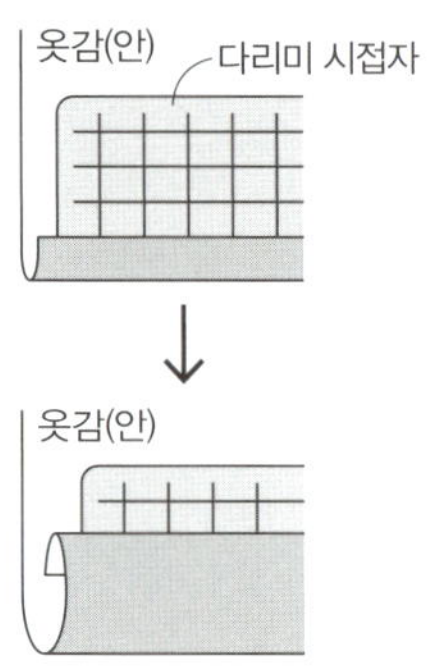

● 옷감을 접는 방법

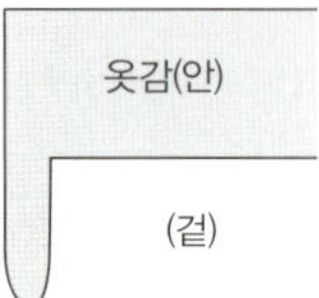
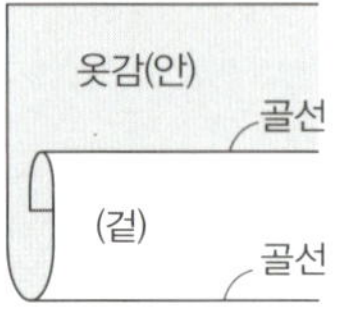
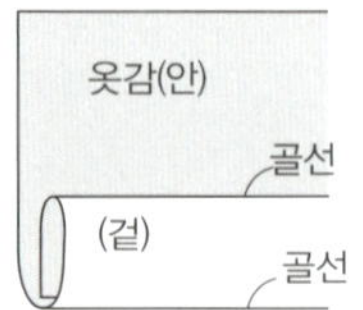

한 번 접기
옷감 가장자리를
한 번 접는다

두 번 접기
옷감 가장자리를
두 번 접는다

완전 두 번 접기
시접을 같은 폭으로
두 번 접는다

7 재봉틀 준비

대부분의 재봉틀에는 바늘판에 단위별로 라인이 그려져 있어 시접 솔기를 일정
하게 유지하며 박음질할 수 있습니다. 예를 들어 시접이 1cm일 경우 옷감 끝을
눈금의 1에 맞춰 바느질하면 됩니다. 이 방법을 쓰면 완성선을 옷감에 그릴 필요
가 없습니다. 바늘판에 라인이 없거나 잘 보이지 않을 경우에는 바늘에서 일정
거리를 자로 측정해 테이프로 표시합니다.

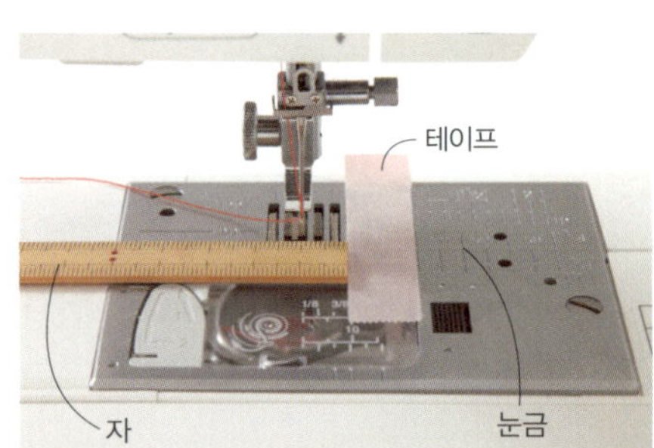

● 바늘과 실 고르는 법

아래표를 참고하여 옷감에 알맞은 실과 바늘을 사용하세요. 실은 번호가 클수
록 가늘어지고 바늘은 번호가 클수록 굵어집니다.

※ 가정용 재봉틀로 니트 옷감을 박을 때는 신축성이 있는 니트용 실과 끝이 둥
  글게 처리된 니트 전용 바늘을 사용하세요.

옷감의 종류	재봉실	재봉바늘
얇은 옷감 (면 론, 보일 등)	90번	9호
보통옷감(리넨, 면마 등)	60번	11호
두꺼운 옷감(울 등)	30번	14번
니트	니트용 실	니트용 바늘

Basic Techniques

● 천을 맞대는 법

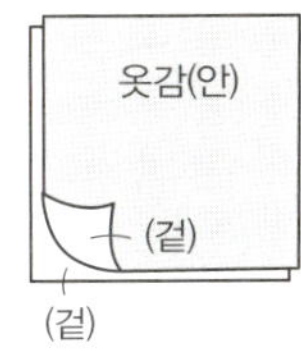

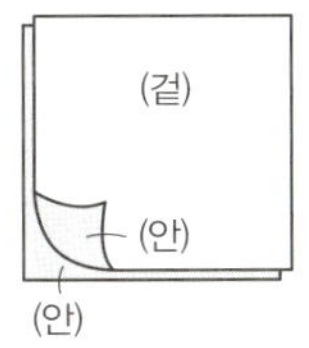

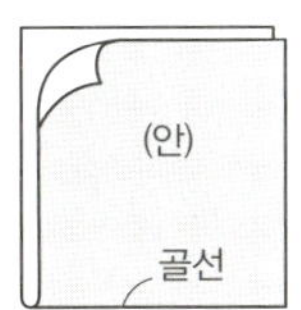

겉끼리 맞대기
옷감의 겉면끼리
마주 보도록 맞댄다

안끼리 맞대기
천의 겉면이 바깥쪽이
되도록 안쪽 면끼리
맞댄다

골선
옷감을 반으로
접었을 때의
접음선

● 되박음질

박기 시작할 때와 끝마칠 때는
항상 3땀 정도 되박음질합니다.
매듭 역할을 해서 실이 풀어지지 않아요.

● 주름 잡는 법

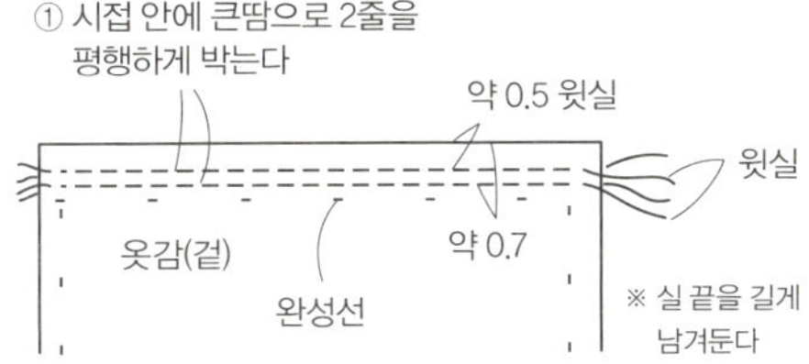

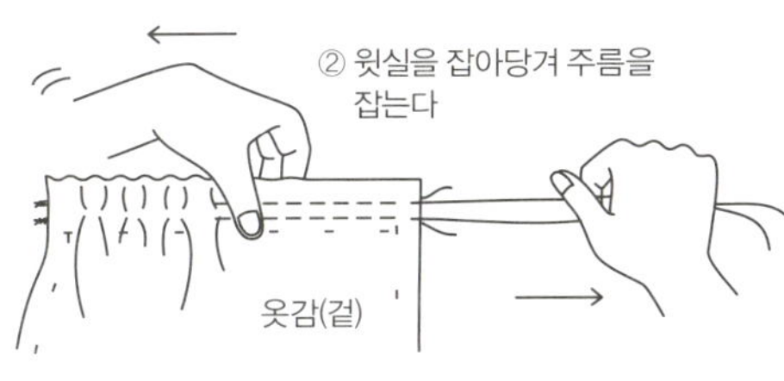

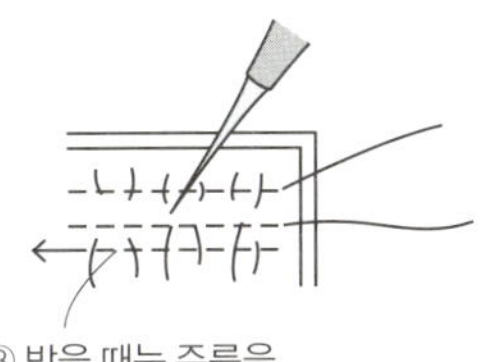

● 실처리와 시접 넘기는 법

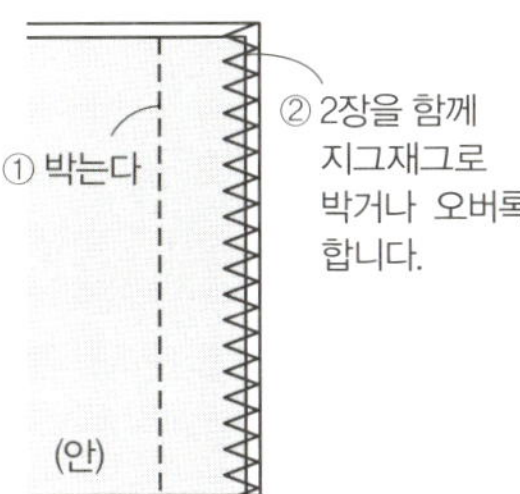

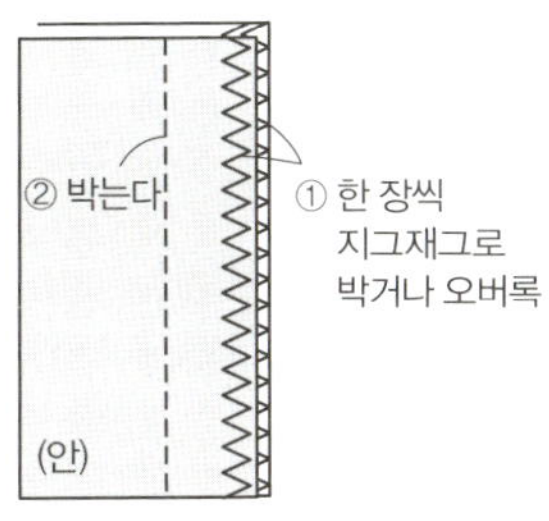

**시접을 한쪽으로
넘기는 경우**
겉끼리 맞대고 박은 다음,
시접 2장을 함께 지그재그
로 박거나 오버록합니다.

시접을 가르는 경우
시접 가장자리를 한 장씩
각각 지그재그로 박거나
오버록한 다음, 겉끼리 맞
대고 박습니다.

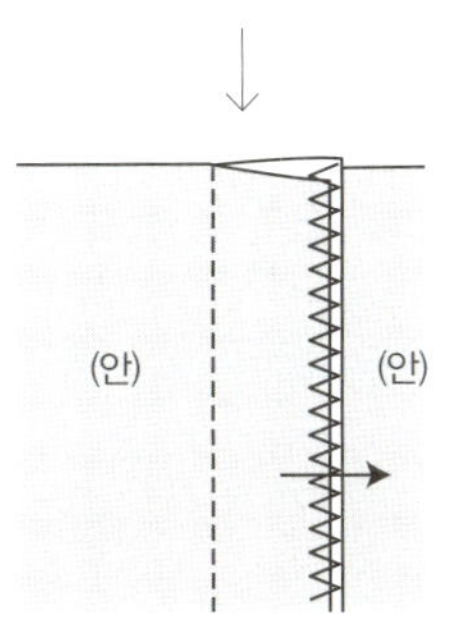

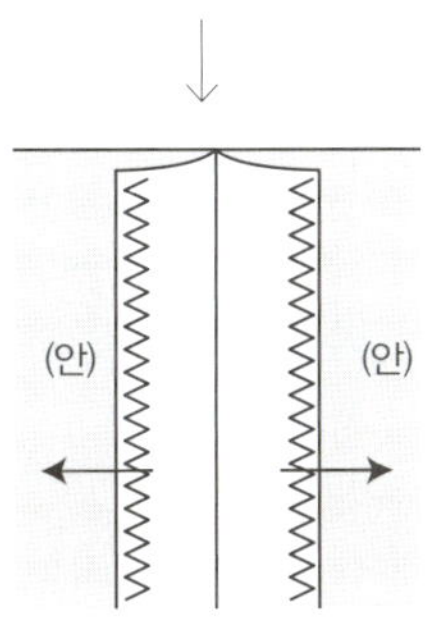

시접을 한쪽으로 넘깁니다

시접을 양쪽방향으로 펼쳐
가릅니다.

● 단춧구멍의 크기와 위치

단춧구멍의 크기

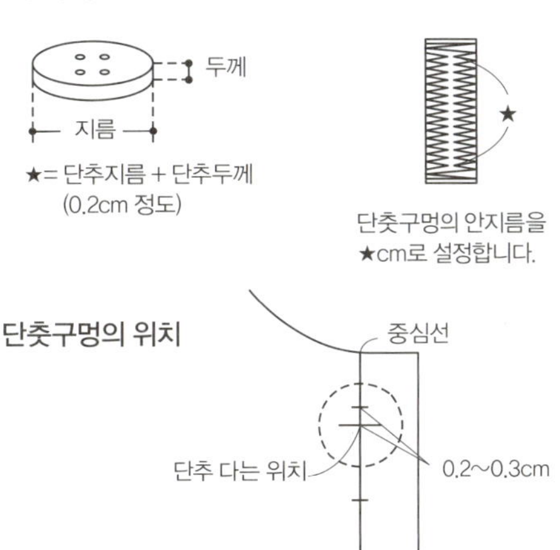

단춧구멍의 위치

C4

photo page 20

드로스트링
긴소매 원피스

C3

photo page 18

드로스트링
긴소매 블라우스

- 실물크기 옷본 … 2면

- 완성치수(왼쪽부터 S / M / L)
  가슴둘레 … 107.5 / 110.5 / 114.5cm
  [C4] 전체길이 … 119cm(전사이즈 공통)
  [C3] 전체길이 … 64.5cm(전사이즈 공통)
  어깨너비 … 48 / 49 / 51cm
  소매길이 … 51.5cm(전사이즈 공통)
  소맷부리 … 23 / 24 / 25cm

- 재료(왼쪽부터 S / M / L)
  [C4] 트윌 블랙 … 140cm폭 × 300 / 310 / 320cm
  [C4] 1cm폭 늘어남방지테이프 … 90cm
  [C3] 화이트·블루 스트라이프 … 140cm폭 × 155 / 155 / 160cm
  [C3] 1cm폭 늘어남방지테이프 … 60cm
  [공통]
  접착심지 … 85 × 45cm
  1cm 단추 … 1개
  1.5cm폭 고무줄 … 24.8 / 26 / 27.6cm
  루퍼 … 1개(같은 원단으로 루프를 만들 경우에는 필요 없음)

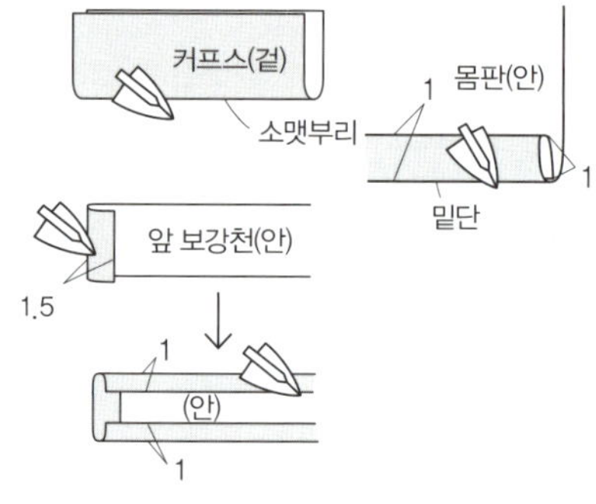

- **옷감을 마름질 하는 법**

준비작업

박음질하기 전에 필요한 부분을 다림질해서 접어놓는다.

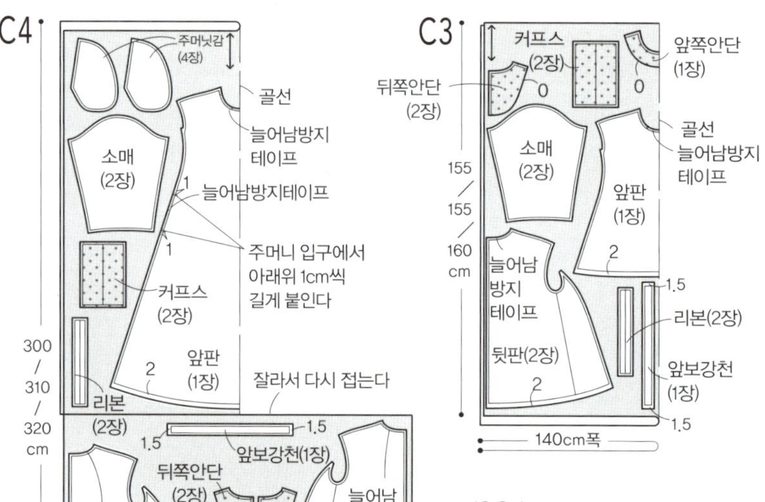

※ 같은 옷감으로 루프를 만들 경우
2×5cm 크기로 바이어스방향에
맞춰 1장을 마름질한다

리본 = 폭 6 × 35(전사이즈 공통)
앞보강천 = 폭 4.7 × 49 / 50 / 51.5

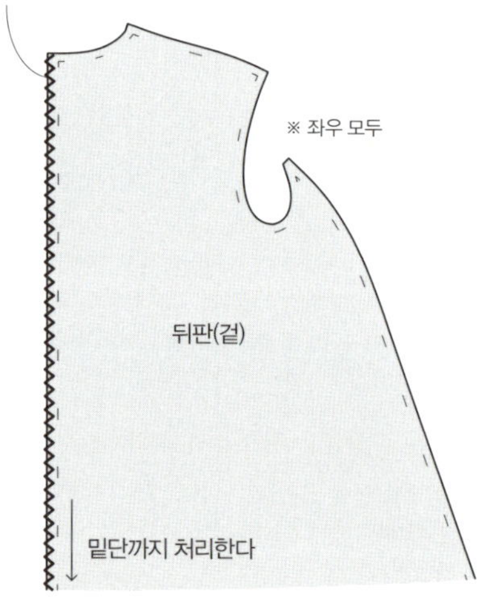

※ 정해진 것 이외의 시접은 전부 1cm
※ 는 천 안쪽에 접착심지·늘어남방지테이프를 붙인다

1 주머니를 만든다 ※ [C4]만 주머니 있음

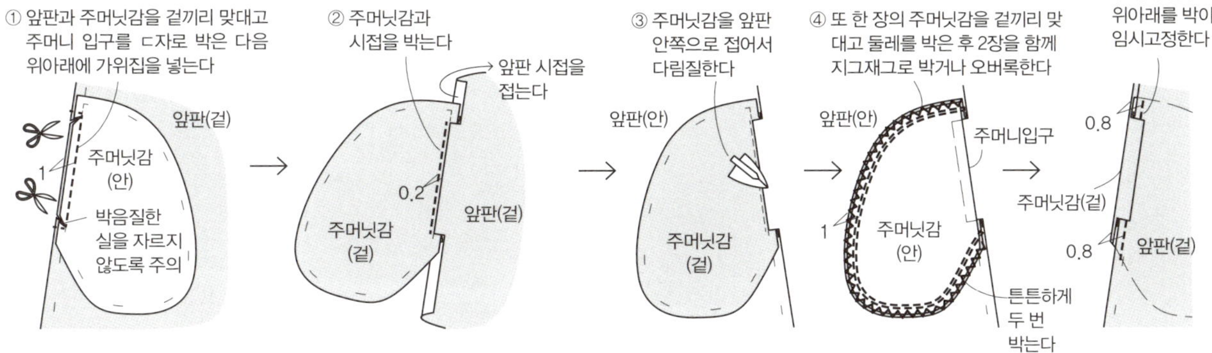

2 리본을 만든다

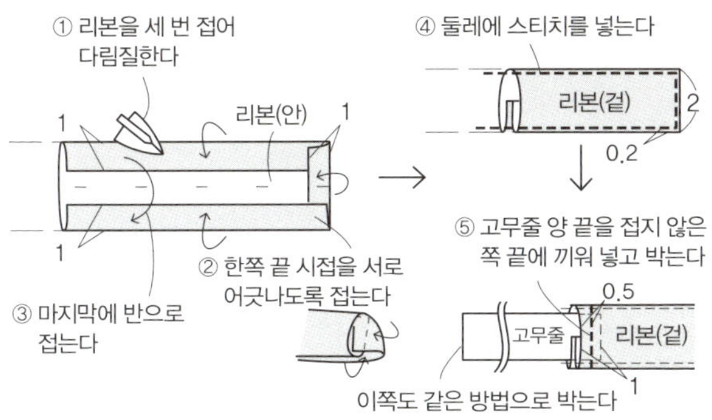

3 몸판 옆선을 박는다

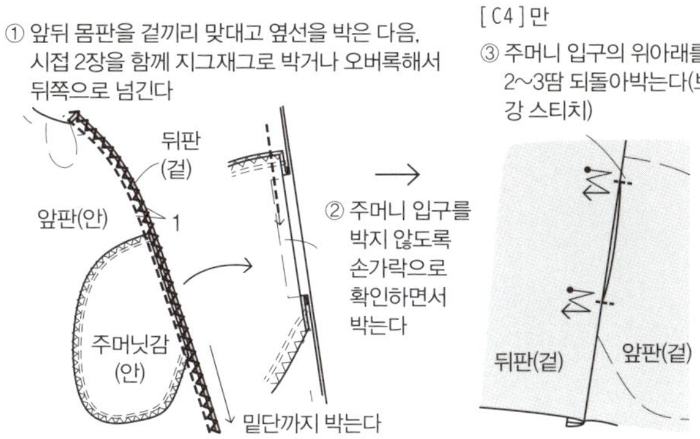

4 앞보강천을 단다

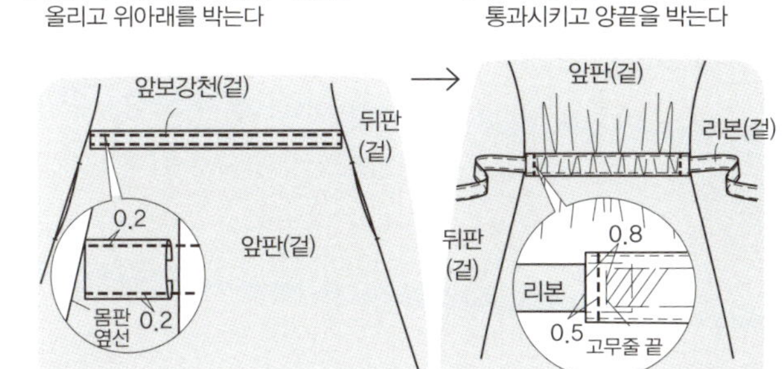

5 뒷중심을 박는다

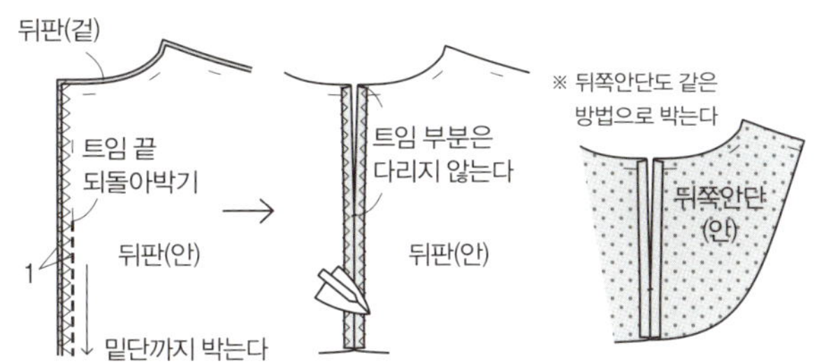

6 어깨선을 박는다

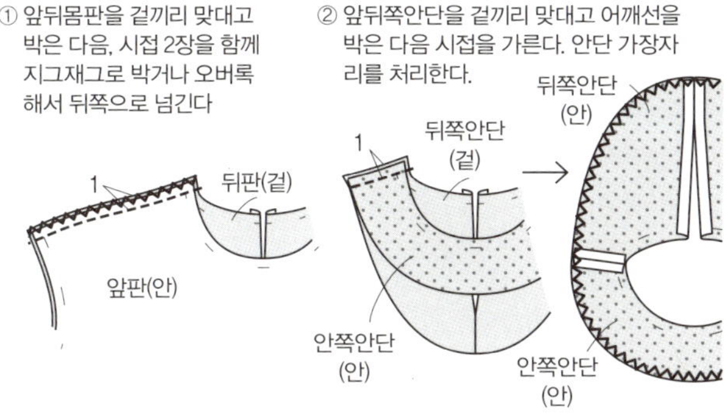

7 루프를 만든다 ※ 루퍼를 사용할 경우에는 필요 없음

2×5cm 크기로 바이어스방향에 맞춰 1장을 마름질한다

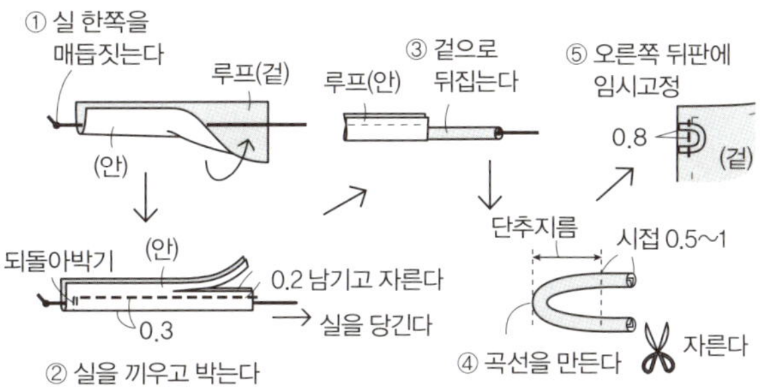

8 목둘레선~뒤트임을 박는다

① 몸판과 안단을 겉끼리 맞대고 박는다

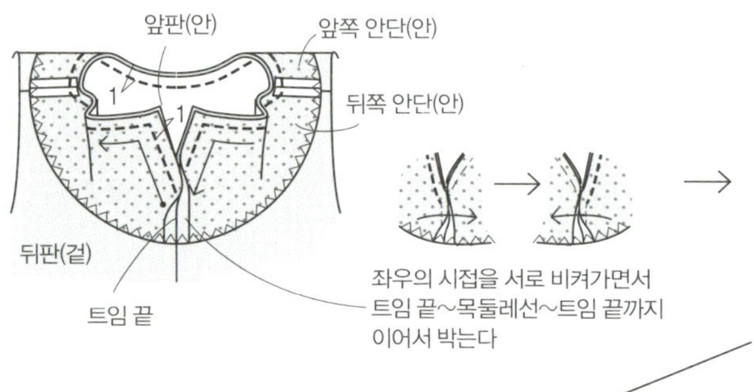

② 목둘레 시접에 가위집을 넣는다

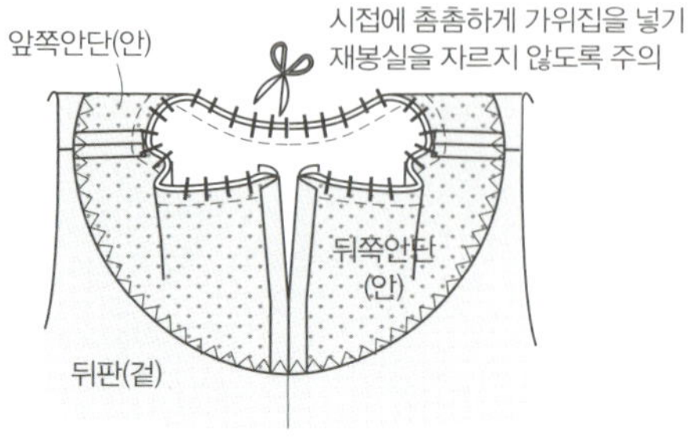

③ 안단을 몸판 안쪽으로 넘겨 다림질하고
트임과 목둘레선에 상침한다

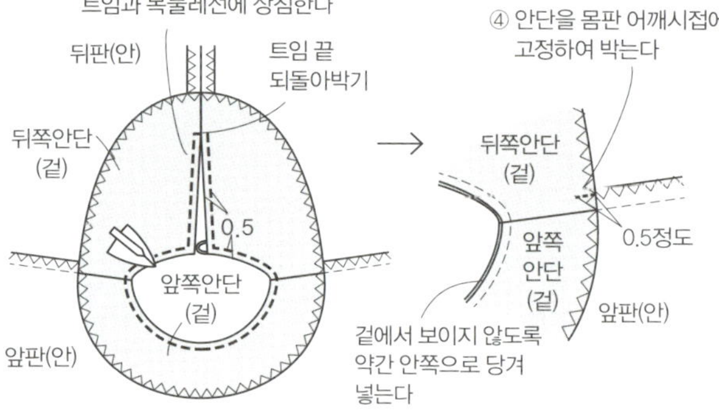

④ 안단을 몸판 어깨시접에
고정하여 박는다

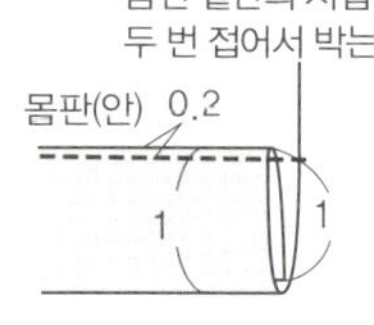

9 밑단을 박는다

몸판 밑단의 시접을
두 번 접어서 박는다

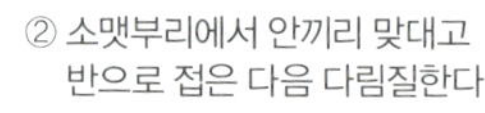

10 소매옆선을 박는다

소매를 겉끼리 맞대고 소매옆선을 박은 다음,
시접 2장을 함께 가장자리를 처리해서 뒤쪽
으로 넘긴다

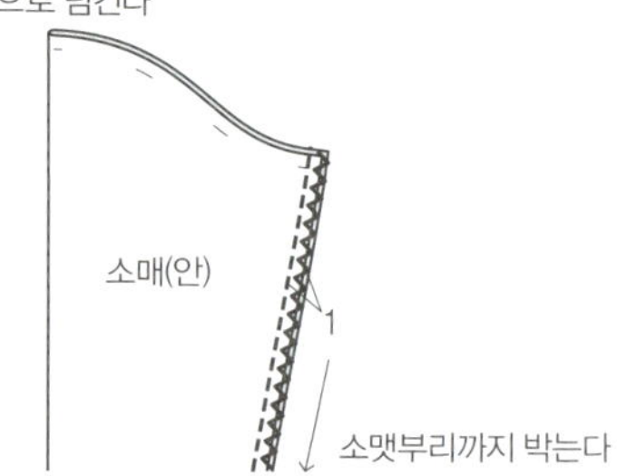

11 커프스를 박는다

① 커프스를 겉끼리 맞대고 소매옆선을
박은 다음 시접을 가른다

② 소맷부리에서 안끼리 맞대고
반으로 접은 다음 다림질한다

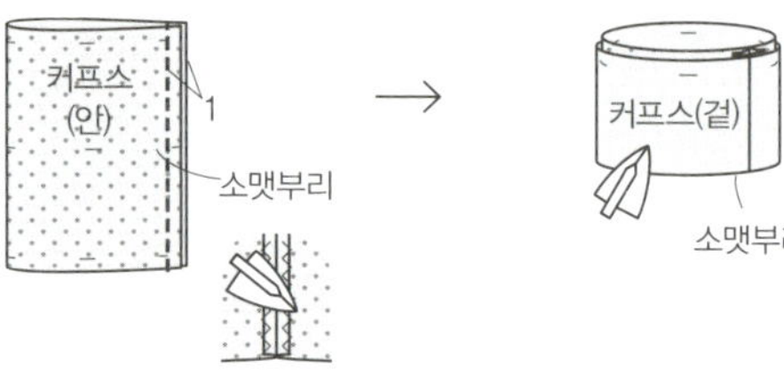

12 커프스를 단다

커프스와 소매를 겉끼리 맞대고 박은 다음,
시접 3장을 함께 가장자리를 처리하여 소매
쪽으로 넘긴다

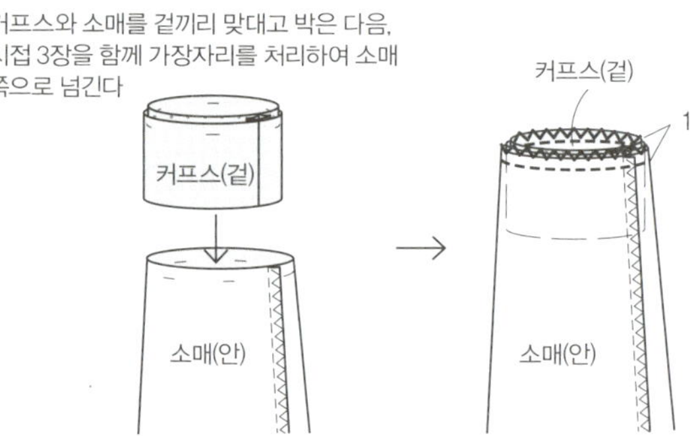

13 소매를 단다

몸판과 소매를 겉끼리 맞대고 박은 다음, 시접 두 장을 함께
가장자리 처리하여 몸판 쪽으로 넘긴다

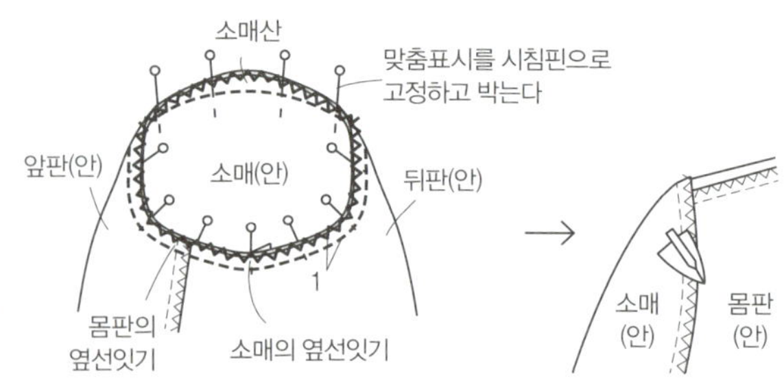

※ 소매는 늘리는 느낌으로 맞댄다

14 단추를 단다

뒤트임 왼쪽에 단추를 단다

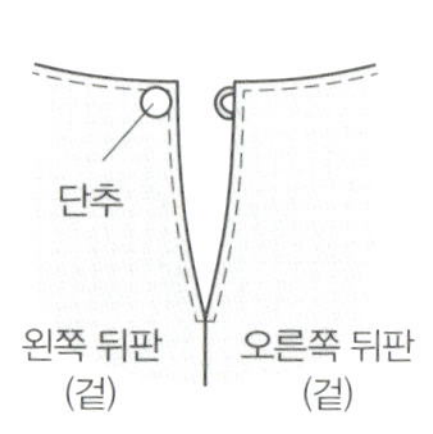

※ 단추를 보이지 않게 하고 싶은 경우에는
안쪽에 단다

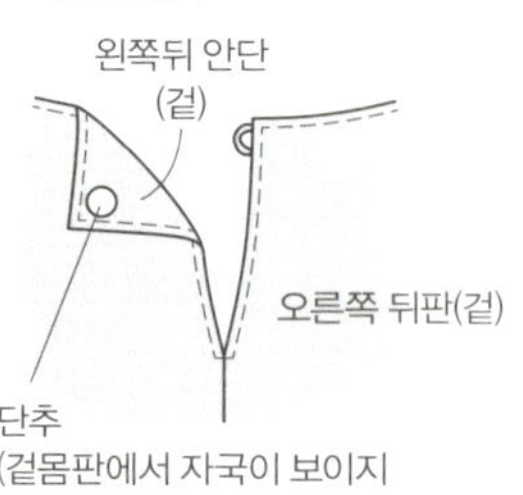

C1

드로스트링 프렌치소매 블라우스

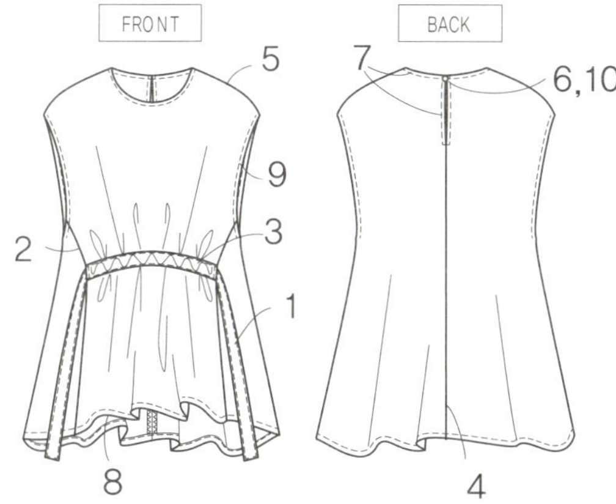

- 실물크기 옷본 … 2면

- 완성치수(왼쪽부터 S / M / L)
  가슴둘레 … 107.5 / 110.5 / 114.5cm
  전체길이 … 64.5cm(전 사이즈 공통)

- 재료(왼쪽부터 S / M / L)
  멜란지 트윌 라이트 그레이 … 140cm폭 × 140cm(전 사이즈 공통)
  1cm폭 늘어남 방지 테이프 … 60cm
  접착심지 … 70 × 30cm
  1cm 단추 … 1개
  1.5cm 폭 고무줄 … 24.8 / 26 / 27.6cm
  루퍼 … 1개(같은 옷감으로 루프를 만들 경우에는 필요 없음)

준비작업

p.50 참조(커프스 제외)

1 리본을 만든다 ＊ p.51의 2를 참조

2 몸판옆선을 박는다 ＊ p.51의 3을 참조

3 앞보강천을 단다 ＊ p.51의 4를 참조

4 뒷중심을 박는다 ＊ p.51의 5를 참조

5 어깨선을 박는다 ＊ p.51의 6을 참조

6 루프를 만든다 ＊ p.51의 7을 참조

7 목둘레선~뒤트임을 박는다 ＊ p.52의 8을 참조

8 밑단을 박는다 ＊ p.52의 9를 참조

9 진동둘레를 박는다

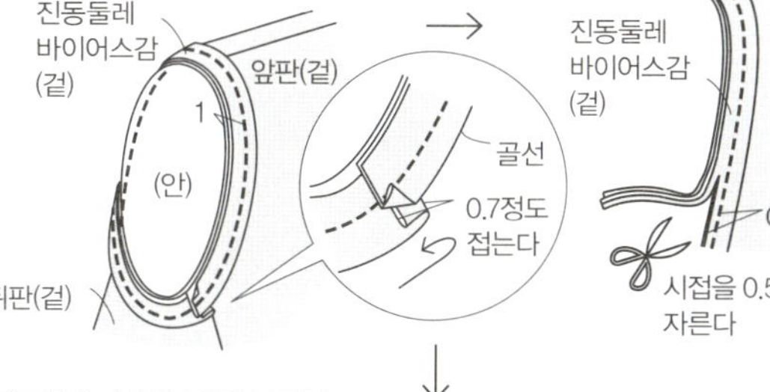

① 진동둘레 바이어스감을 안끼리 맞대고 반으로 접어 다림질한다

② 몸판과 진동둘레 바이어스감을 겉끼리 맞대고 박은 다음 시접을 0.5 남기고 잘라낸다

③ 진동둘레 바이어스감을 몸판의 안쪽으로 넘기고 가장자리를 박는다

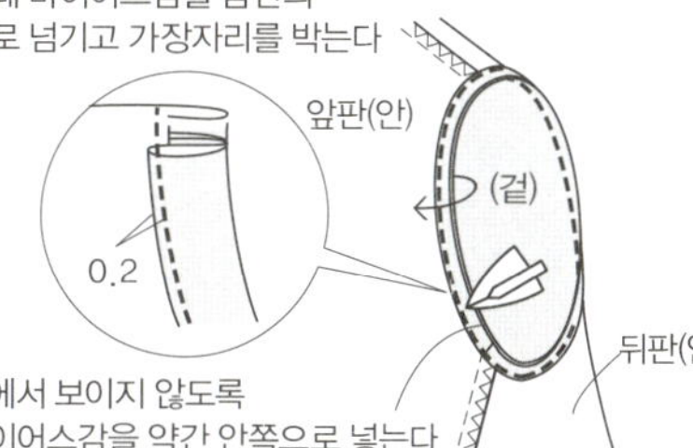

겉에서 보이지 않도록 바이어스감을 약간 안쪽으로 넣는다

10 단추를 단다 ＊ p.52의 14를 참조

● 옷감을 마름질 하는 법

※ 정해진 것 이외의 시접은 전부 1cm
※ ┌┈┈┐ 는 천 안쪽에 접착심지·늘어남방지테이프를 붙인다

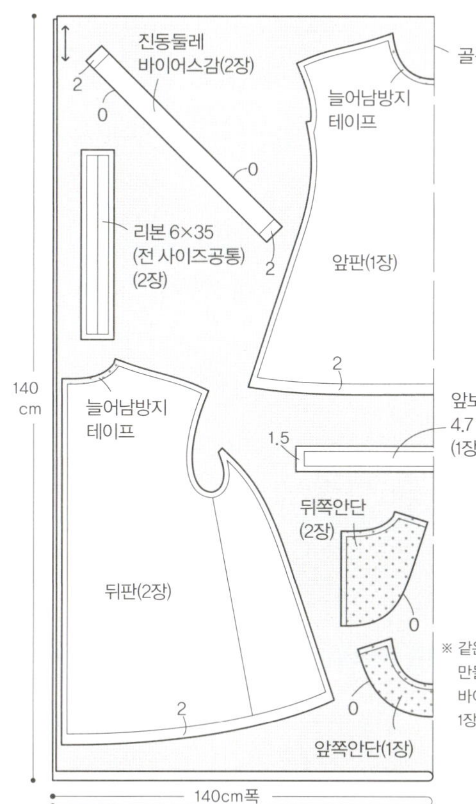

photo
page
19

드로스트링
프렌치소매 원피스

- 실물크기 옷본 … 2면

- 완성치수(왼쪽부터 S / M / L)
  가슴둘레 … 107.5 / 110.5 / 114.5cm
  전체길이 … 119cm(전사이즈 공통)

- 재료(왼쪽부터 S / M / L)
  60수 코튼 론 네이비 … 108cm폭 × 370cm(전사이즈 공통)
  1cm폭 늘어남방지테이프 … 90cm
  접착심지 … 70 × 30cm
  단추지름 1cm … 1개
  1.5cm폭 고무줄 … 30 / 31 / 32.5cm
  루퍼 … 1개(같은 원단으로 루프를 만들 경우에는 필요 없음)

준비작업

앞보강천의 위아래를 다림질하여 접어 놓는다

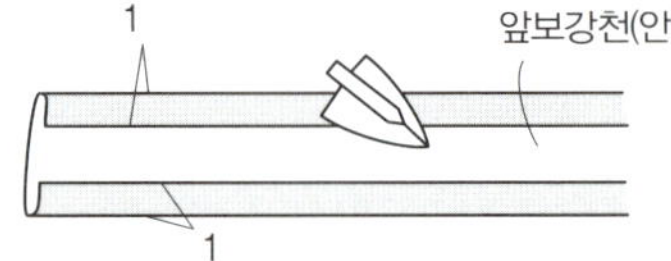

1 주머니를 만든다　＊ p.51의 1을 참고

2 앞보강천을 단다

① 앞판의 지정된 위치에 앞보강천을 올리고 위아래를 박는다
② 앞보강천 안으로 고무줄을 통과시킨 다음, 양 끝을 임시 고정한다

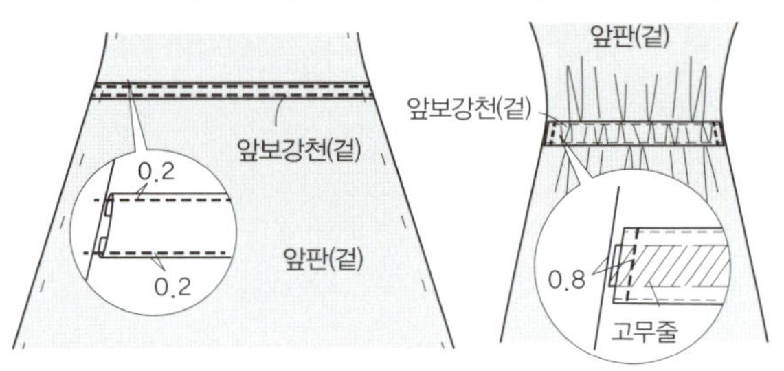

3 몸판 옆선을 박는다　＊ p.51의 3을 참고

4 뒷중심을 박는다　＊ p.51의 5를 참고

5 어깨선을 박는다　＊ p.51의 6을 참고

6 루프를 만든다　＊ p.51의 7을 참고

7 목둘레선～뒤트임을 박는다　＊ p.52의 8을 참조

8 밑단을 박는다　＊ p.52의 9를 참조

9 진동둘레를 박는다　＊ 53의 9를 참조

10 단추를 단다　＊ p.52의 14를 참고

● 옷감을 마름질 하는 법

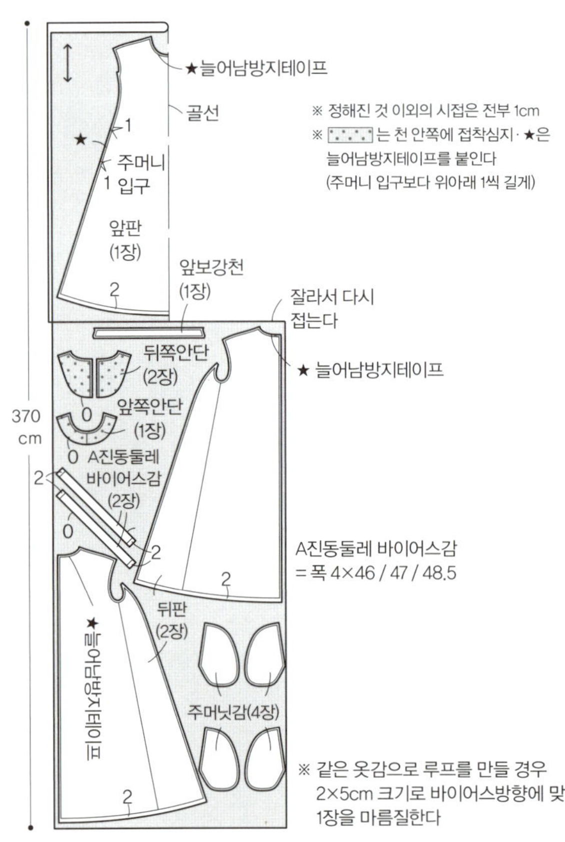

D1

릴랙스 블라우스

- 실물크기 옷본 … 1면

- 완성치수(왼쪽부터 S / M / L)
  가슴둘레 … 131.5 / 135.5 / 139.5cm | 전체길이 … 62.5cm(전사이즈 공통)
  화장길이 … 33.5 / 34.5 / 35.5cm | 소맷부리 … 32cm(전사이즈 공통)
  ※ 화장길이 : 옷의 등솔기에서 소매 끝까지

- 재료(왼쪽부터 S / M / L)
  실크론 모카베이지 … 106cm폭 × 190cm
  접착심지 … 80 × 45cm | 1cm폭 늘어남 방지테이프 … 60cm

준비작업　＊ p.56 참조

1 앞중심을 박는다　＊ p.56의 1을 참조

2 어깨선을 박는다　＊ p.56의 2를 참조

3 앞트임~목둘레선을 박는다

① 겉요크와 안요크를 겉끼리 맞대고 박는다

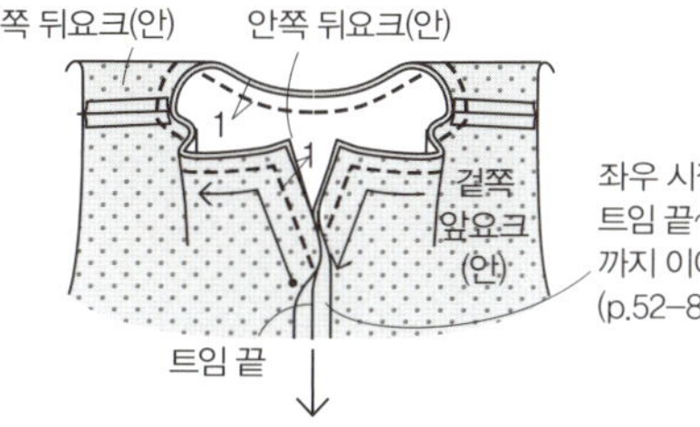

② 목둘레선의 시접에 가위집을 넣는다

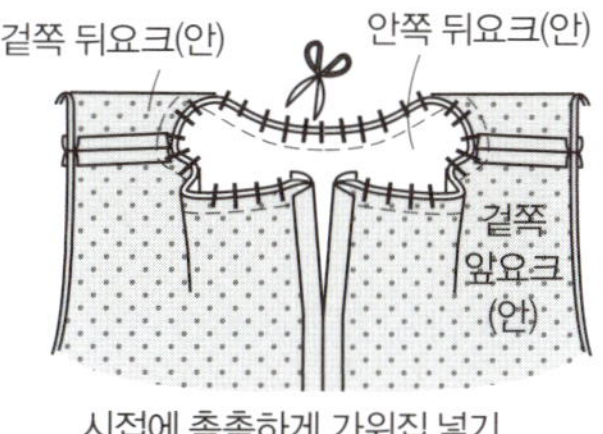

③ 겉으로 뒤집어 다림질하고 트임과 목둘레선에 스티치를 넣는다

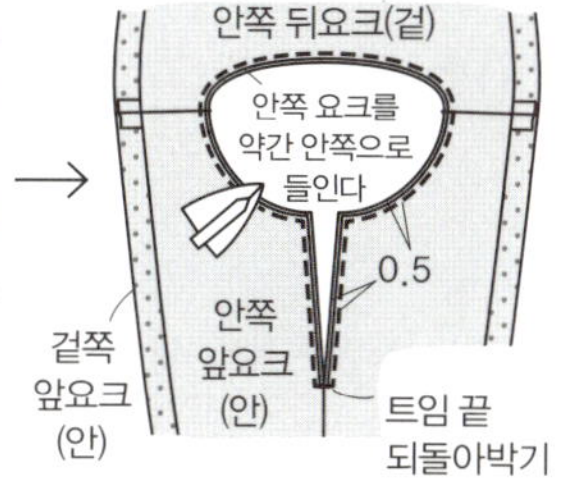

4 요크를 단다　＊ p.57의 6을 참조

5 밑단을 박는다　＊ p.57의 8을 참조

6 소맷부리~몸판 옆선을 박는다

몸판 옆선~소맷부리의 시접을 이어서 두 번 접어 박는다

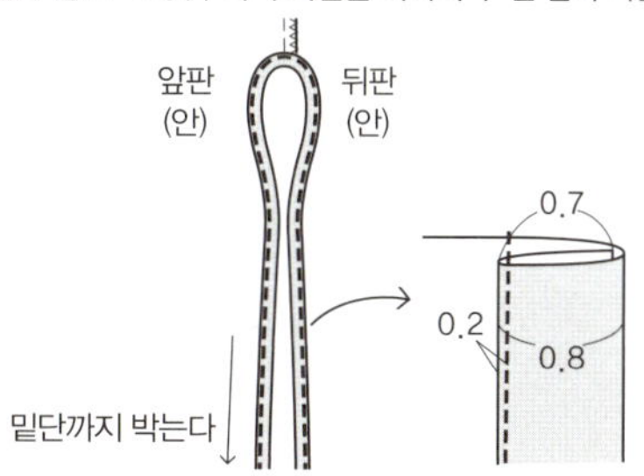

7 소맷부리 밑에 스티치를 넣는다　＊ p.57의 9를 참조

FRONT

BACK

● 옷감을 마름질 하는 법

※ 정해진 것 이외의 시접은 전부 1cm
※ ┈ 는 옷감 안쪽에 접착심지·늘어남 방지테이프를 붙인다

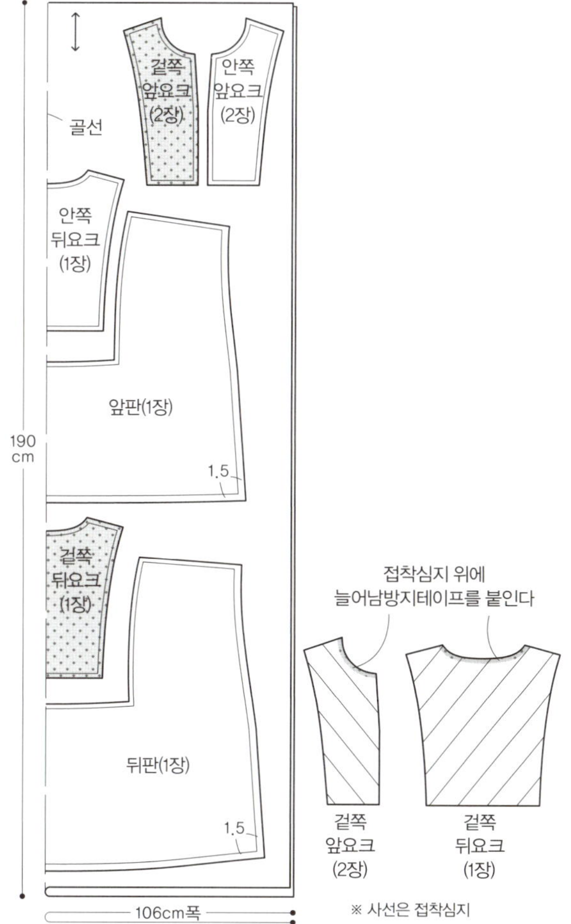

접착심지 위에 늘어남방지테이프를 붙인다

※ 사선은 접착심지

D2

릴랙스 원피스

- 실물크기 옷본 ··· 1면

- 완성치수(왼쪽부터 S / M / L)
  가슴둘레 ··· 131.5 / 135.5 / 139.5cm
  전체길이 ··· 123.5cm(전사이즈 공통)
  화장길이 ··· 33.5 / 34.5 / 35.5cm
  소맷부리 ··· 32cm(전사이즈 공통)

- 재료(왼쪽부터 S / M / L)
  30수 스판 론 블루 프린트 ··· 112cm폭×310cm
  접착심지 ··· 80×65cm

● 옷감을 마름질 하는 법

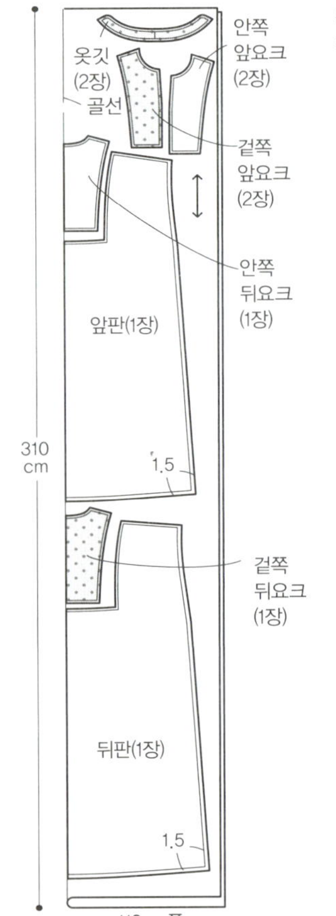

※ 정해진 것 이외의 시접은 전부 1cm
※ ⋅⋅⋅⋅⋅ 는 천 안쪽에 접착심지를 붙인다

준비작업

그림의 시접을 다림질해
접어 놓는다

지정된 표시위치에 표시를 한다

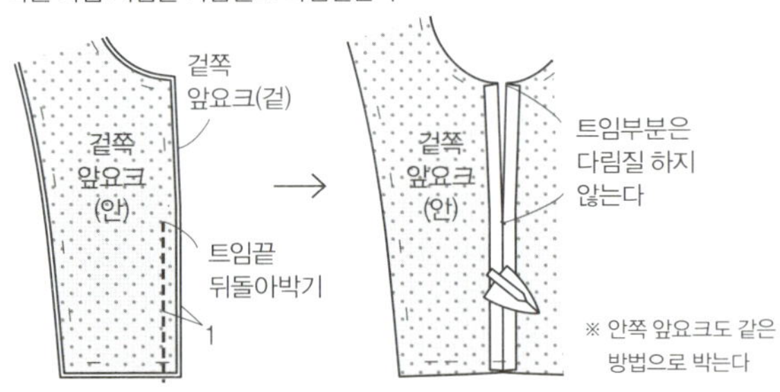

1 앞중심을 박는다

겉쪽 앞요크와 안쪽 앞요크를 각각 겉끼리 맞대고 앞중심의 트임 끝까지
박은 다음 시접을 가름솔로 다림질한다

2 어깨선을 박는다

① 앞뒤 몸판을 겉끼리 맞대고
어깨선을 박은 다음
시접 2장을 함께 처리해서
뒤쪽으로 넘긴다

② 겉쪽 앞뒤요크를 겉끼리 맞대고
어깨선을 박은 다음 시접을
가름솔로 다림질한다

3 앞트임을 박는다

① 겉요크와 안요크를 겉끼리 맞대고 앞트임을 박는다

② 겉으로 뒤집어서 다림질한 다음 트임 끝을 2~3땀 되돌아박는다

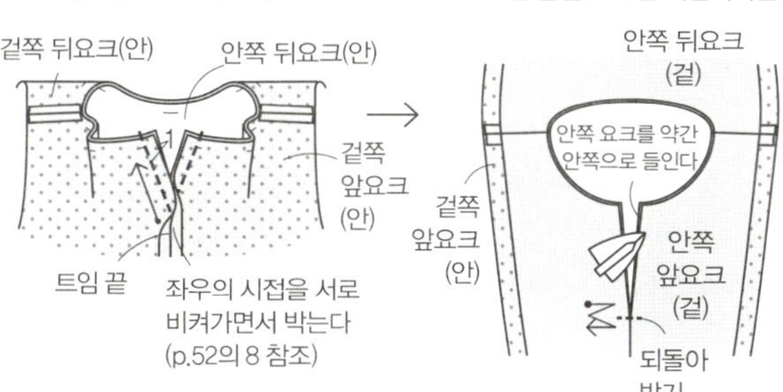

4 옷깃을 박는다

① 옷깃을 겉끼리 맞대고 박는다

③ 겉으로 뒤집어서 다림질한다

② 시접을 갈라 다린 후에 0.5cm 정도 남기고 자른다

5 옷깃을 단다

① 겉요크와 겉깃을 겉끼리 맞대고 박은 다음 시접을 옷깃 쪽으로 넘긴다

② 안깃을 시접으로 감싸고 겉에서 스티치를 넣는다

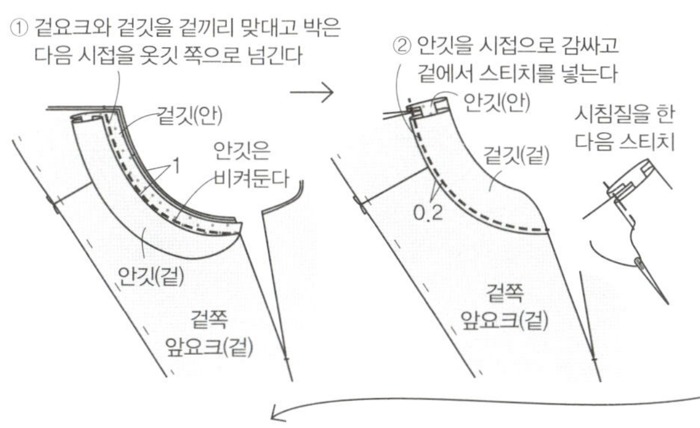

6 요크를 단다

① 앞뒤 몸판의 중심에 주름을 잡고 겉요크와 겉끼리 맞대고 요크의 긴변을 박는다

③ 몸판을 돌려가며 같은 방법으로 이어 박는다

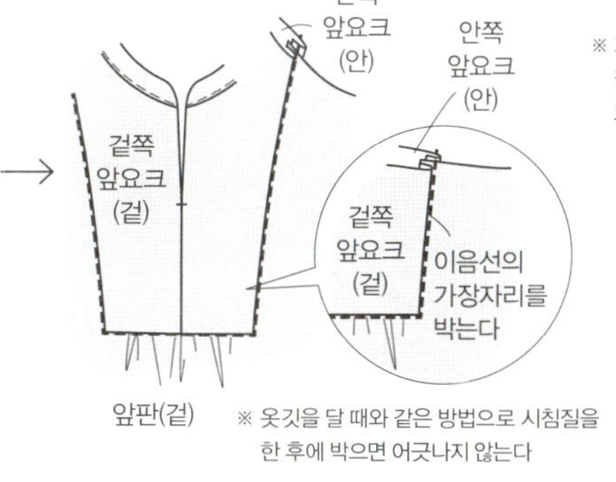

④ 모든 부분을 박은 후의 상태

⑤ 시접을 요크 쪽으로 넘긴다

⑥ 안요크를 바느질땀 위에 덮어씌운 후 숨겨박기한다

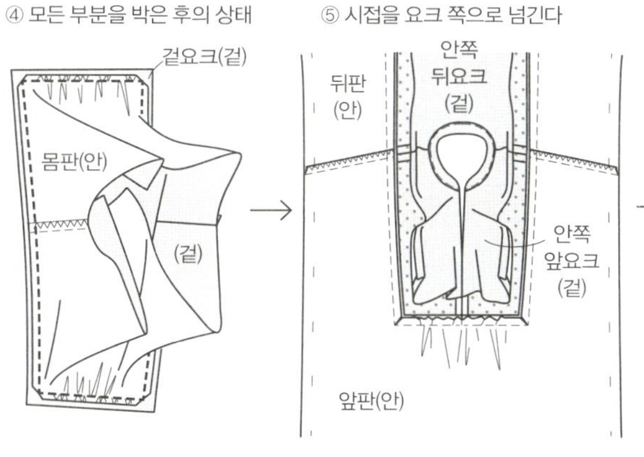

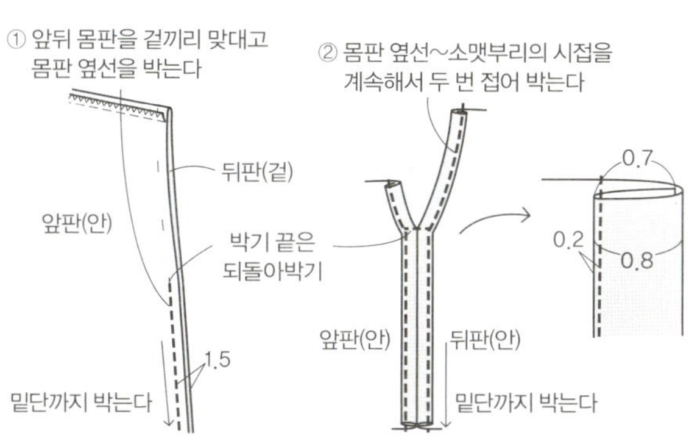

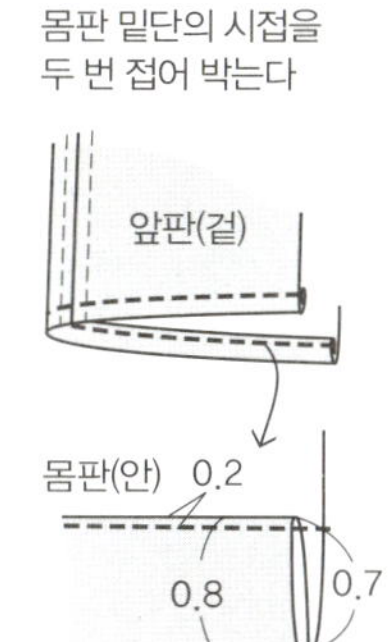

7 소맷부리~몸판 옆선을 박는다

① 앞뒤 몸판을 겉끼리 맞대고 몸판 옆선을 박는다

② 몸판 옆선~소맷부리의 시접을 계속해서 두 번 접어 박는다

8 밑단을 박는다

몸판 밑단의 시접을 두 번 접어 박는다

9 소맷부리 밑에 스티치를 넣는다

소맷부리 아래 지정된 위치에 앞뒤 몸판을 함께 박아 스티치를 넣는다

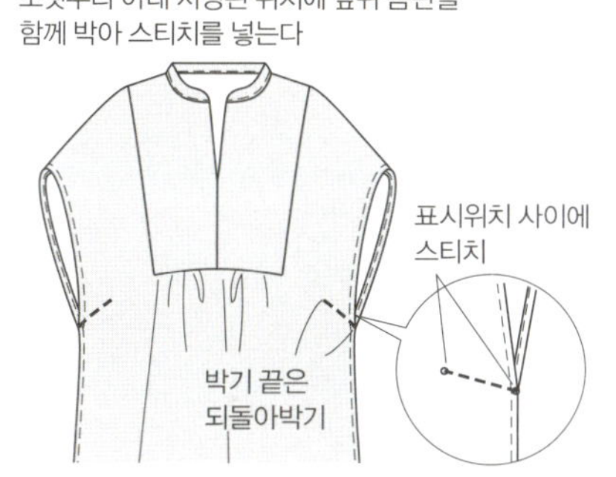

A4 photo page 40 롱코트

A3 photo page 38 재킷

● 실물크기 옷본 … 1면

● 완성치수(왼쪽부터 S / M / L)
가슴둘레 … 99 / 102 / 106cm
[A4] 전체길이 … 109.5cm(전사이즈 공통)
[A3] 전체길이 … 69cm(전사이즈 공통)
어깨너비 … 37 / 38 / 40cm
소매길이 … 59cm(전사이즈 공통)
소맷부리 … 27 / 28 / 29cm

● 재료(왼쪽부터 S / M / L)
[A4] 코튼울 헤링본 그레이 … 136cm폭×285 / 295 / 305cm
[A4] 접착심지 … 100×280cm
[A4] 단추 지름 1.8cm … 1개
[A4] 1cm폭 늘어남방지테이프 … 400cm
[A3] 트윌 딥브라운 … 144cm폭×230cm(전사이즈 공통)
[A3] 단추 지름 1.8cm … 2개
[A3] 1cm폭 늘어남방지테이프 … 300cm
[공동]
주머닛감용 별도 옷감 … 55×35cm
안쪽 단추 지름 1.8cm … 1개

[A4]와 [A3]은 만드는 법이 같고 길이만 다릅니다.

준비작업

앞쪽 위몸판·앞쪽 아래몸판·주머닛감의 주머니 입구에 표시하고
아래 그림에 표시된 시접을 처리한다

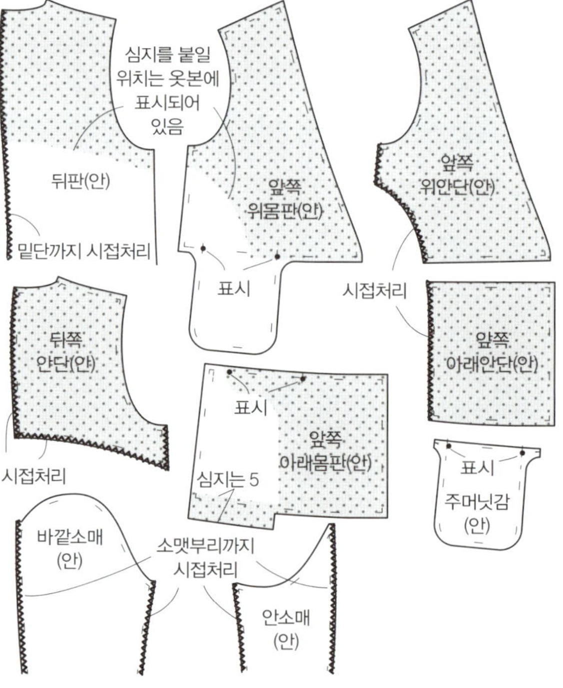

● 옷감을 마름질 하는 법

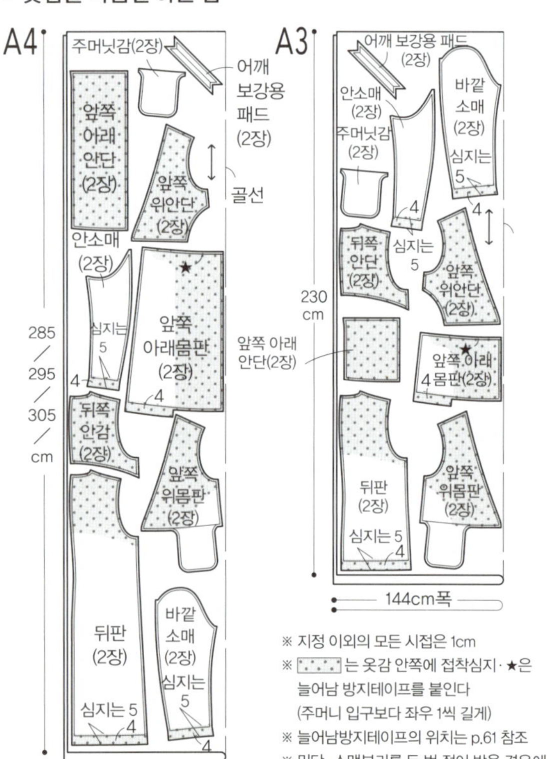

※ 지정 이외의 모든 시접은 1cm
※ ▨ 는 옷감 안쪽에 접착심지·★은
늘어남 방지테이프를 붙인다
(주머니 입구보다 좌우 1씩 길게)
※ 늘어남방지테이프의 위치는 p.61 참조
※ 밑단·소맷부리를 두 번 접어 박을 경우에는
접착심지 필요 없음

1 주머니를 만든다 ＊ p.61의 1을 참고

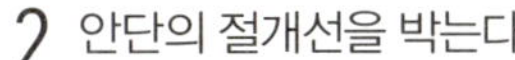

2 안단의 절개선을 박는다

앞쪽 아래안단과 앞쪽 위안단을 겉끼리 맞대고 박은 다음
시접을 가름솔로 다린다

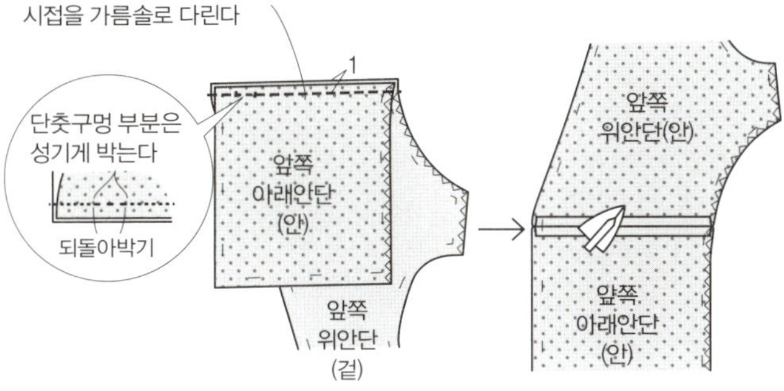

3 뒤중심을 박는다

뒤판과 뒤쪽 안단을 각각 겉끼리 맞대고 뒤중심을
박은 다음 시접을 가름솔로 다린다

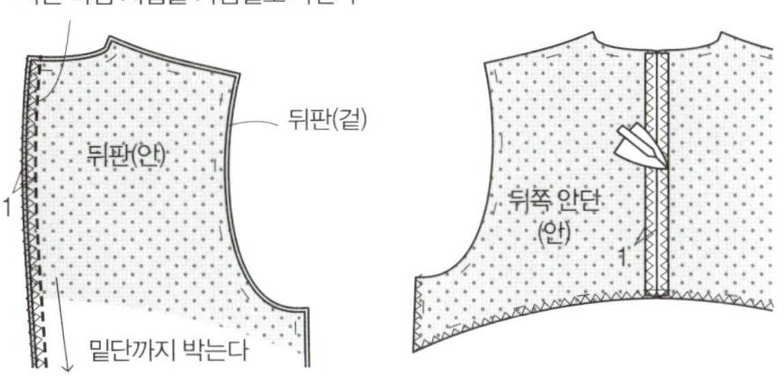

4 어깨선을 박는다

앞·뒤 몸판과 앞·뒤쪽 안단을 각각
겉끼리 약간 오그리는 느낌으로
맞대고 어깨선을 박은 다음 시접을
가름솔로 다린다

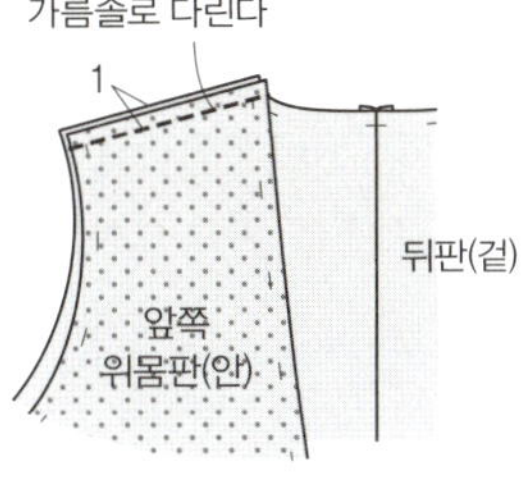

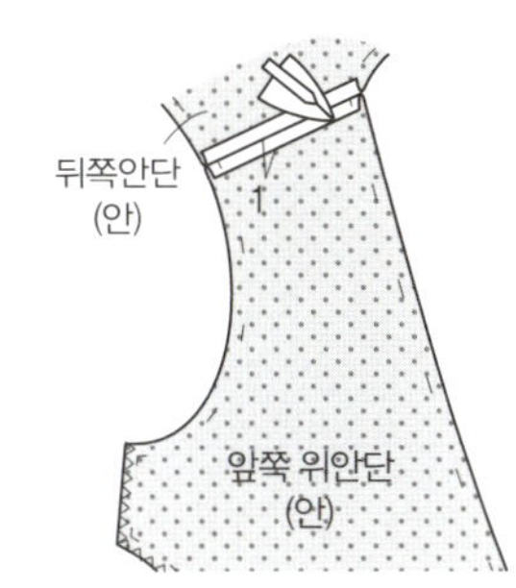

5 앞가장자리~목둘레선을 박는다

① 몸판과 안단을 겉끼리
맞대고 앞가장자리~
목둘레선을 박는다

절개선 위치가 어긋나지 않도록
여기에서 위아래로 박는다

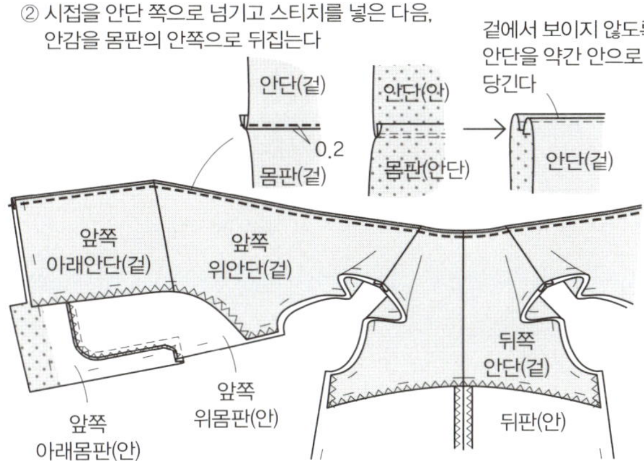

② 시접을 안단 쪽으로 넘기고 스티치를 넣은 다음,
안감을 몸판의 안쪽으로 뒤집는다

겉에서 보이지 않도록
안단을 약간 안으로
당긴다

6 몸판 옆선을 박는다

앞·뒤 몸판을 겉끼리 맞대고 몸판 옆선을 박고
시접 2장을 함께 지그재그로 박거나 오버록 해
서 뒤쪽으로 넘긴다.
안단의 몸판 옆선은 박아서 시접을 가른다

박기가 끝난 상태

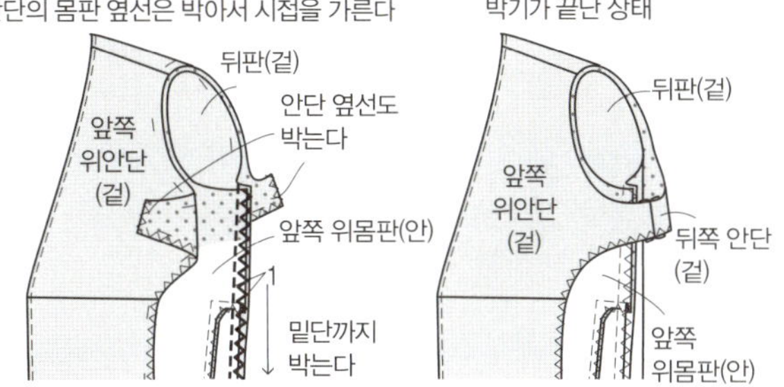

7 안단 가장자리를 박는다

안단 가장자리를 완성선에서 접고
스티치를 넣는다

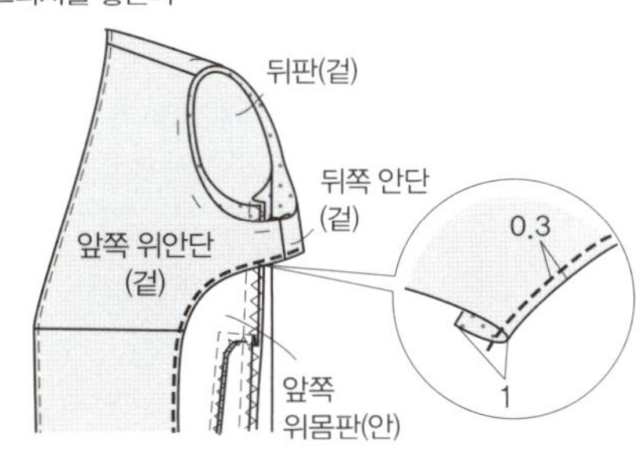

8 소매를 박는다

바깥소매와 안소매를 겉끼리 맞대고
박은 다음 시접을 가름솔로 다린다.

박기가 끝난 상태

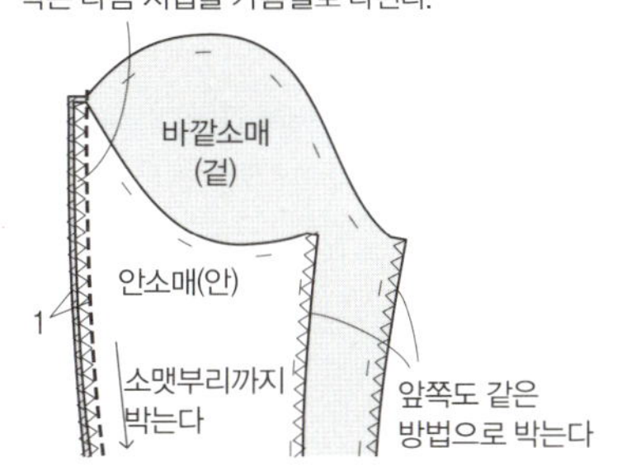

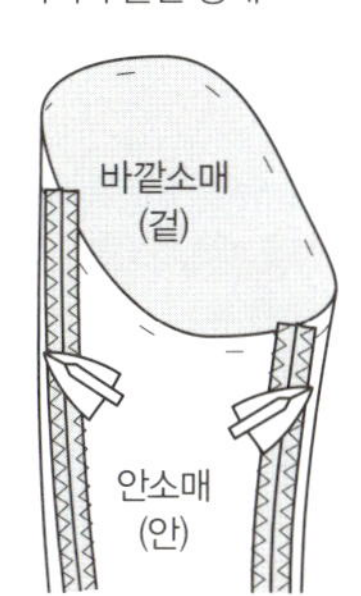

9 소맷부리를 처리한다

소맷부리의 가장자리를 지그재그로 박거나 오버록한 후에 감침질한다

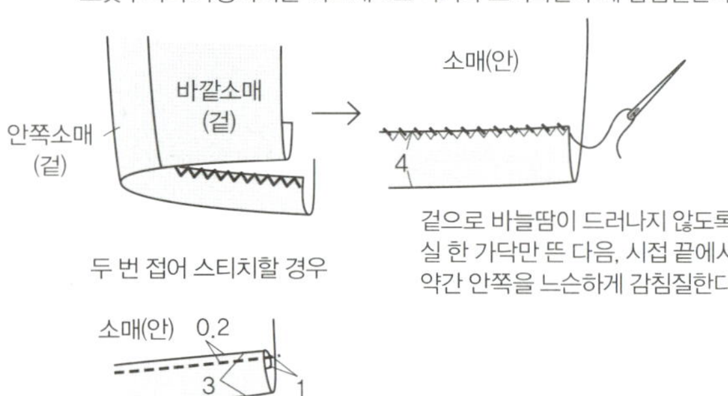

안쪽소매(겉)
바깥소매(겉)
소매(안)
4

두 번 접어 스티치할 경우

겉으로 바늘땀이 드러나지 않도록
실 한 가닥만 뜬 다음, 시접 끝에서
약간 안쪽을 느슨하게 감침질한다

소매(안) 0.2
3
1

10 밑단을 박는다

① 앞쪽 안단을 접어 앞판과
겉끼리 맞대고 밑단을
박는다

② 안단을 몸판 안쪽으로 뒤집고 밑단의 시접을
처리한 다음 감침질한다
(※소맷부리도 같은 방법으로 한다)

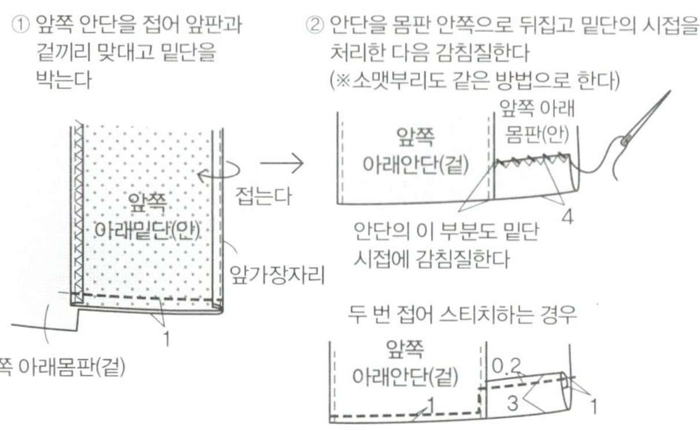

앞쪽 아래밑단(안)
접는다
앞가장자리
앞쪽 아래몸판(겉)
1

앞쪽 아래안단(겉)
앞쪽 아래몸판(안)
4
안단의 이 부분도 밑단
시접에 감침질한다

두 번 접어 스티치하는 경우
앞쪽 아래안단(겉) 0.2
3
1

11 소매산을 오그리기 한다

① 소매의 맞춤표시(아래쪽)의 앞뒤
사이를 성근 땀으로 박는다

② 남겨둔 실의 양끝을 윗실만 당겨
서 주름이 잡히지 않을 정도로만
옷감을 고르게 모으며 오그린다

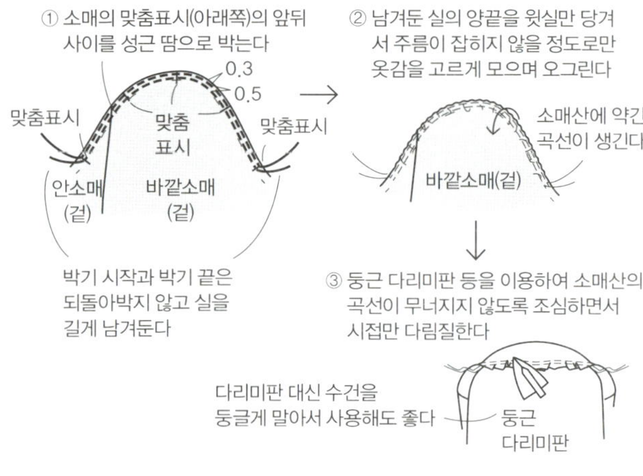

맞춤표시
맞춤표시
맞춤표시
0.3
0.5
안소매(겉)
바깥소매(겉)

박기 시작과 박기 끝은
되돌아박지 않고 실을
길게 남겨둔다

소매산에 약간의
곡선이 생긴다
바깥소매(겉)

③ 둥근 다리미판 등을 이용하여 소매산의
곡선이 무너지지 않도록 조심하면서
시접만 다림질한다

다리미판 대신 수건을
둥글게 말아서 사용해도 좋다
둥근 다리미판

③ 몸판과 소매를 겉끼리 맞대고 소매 안쪽에 어깨 보강용
패드를 겹친 뒤, 시접 2장을 함께 처리한다.

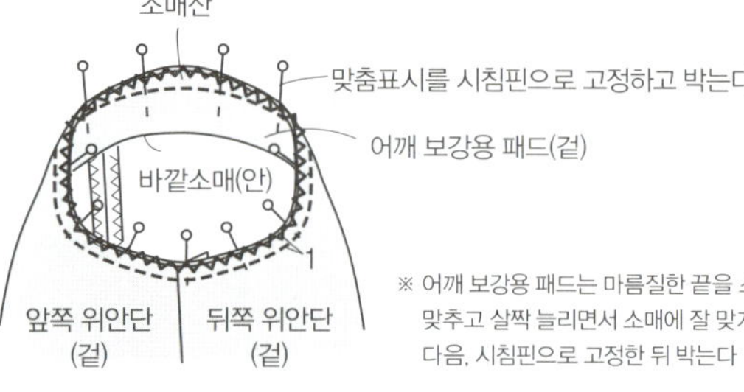

소매산
맞춤표시를 시침핀으로 고정하고 박는다
어깨 보강용 패드(겉)
바깥소매(안)
1
앞쪽 위안단(겉)
뒤쪽 위안단(겉)

※ 어깨 보강용 패드는 마름질한 끝을 소매 쪽에
맞추고 살짝 늘리면서 소매에 잘 맞게 조정한
다음, 시침핀으로 고정한 뒤 박는다

12 소매를 단다

① 어깨 보강용 패드를 겉끼리
맞대고 양 끝을 박는다

② 겉으로 뒤집어서 다림질한다

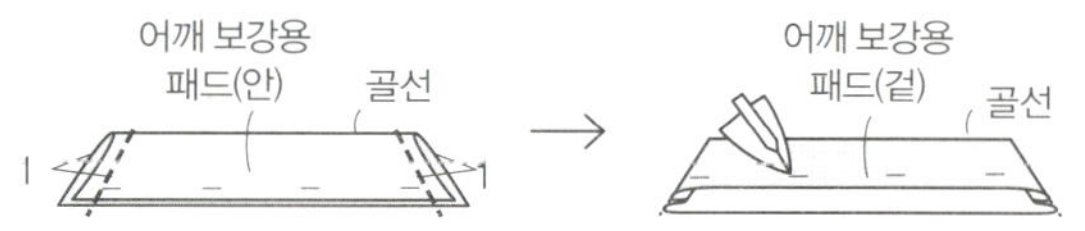

어깨 보강용 패드(안) 골선
어깨 보강용 패드(겉) 골선

※ 옷감이 두꺼울 경우에는 안끼리 맞대고 접어서
박은 다음 시접을 처리한다

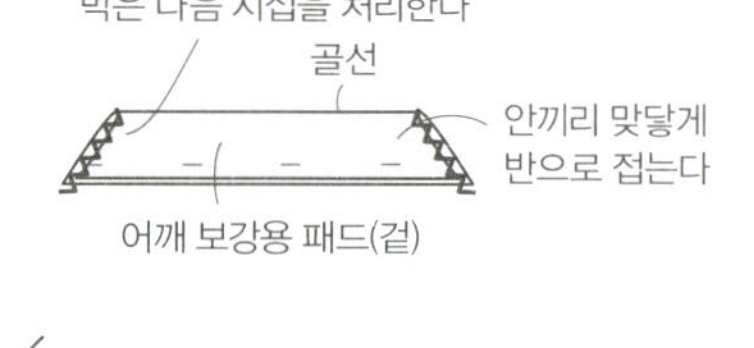

골선
안끼리 맞닿게
반으로 접는다
어깨 보강용 패드(겉)

④ 겉으로 뒤집어서 진동둘레를
정돈하고 곡선이 예쁘게 나왔는지
확인한다

⑤ 시접을 소매쪽으로
넘기고 곡선이 눌리지
않게 다림질한다

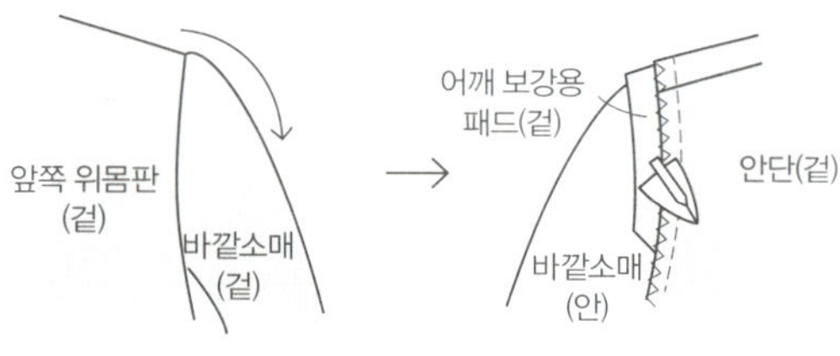

앞쪽 위몸판(겉)
바깥소매(겉)

어깨 보강용 패드(겉)
안단(겉)
바깥소매(안)

13 단춧구멍을 박는다

① 단춧구멍의 되돌아박기와
되돌아박기 사이를 립퍼 등으로
자른 다음 몸판과 안단의 구멍
위치를 맞춘다

② 실제로 단추를 한 번 통과시켜
크기를 확인한 뒤 단춧구멍
둘레에 스티치를 넣는다

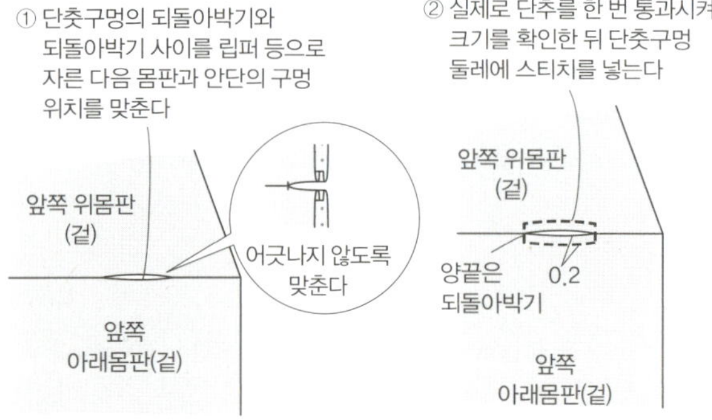

앞쪽 위몸판(겉)
어긋나지 않도록
맞춘다
앞쪽 아래몸판(겉)

앞쪽 위몸판(겉)
양끝은
되돌아박기
0.2
앞쪽 아래몸판(겉)

14 실루프와 단추를 단다

지정된 위치를 중심으로 실루프로 마무리한 뒤에 단추를 단다

※ [A3]만 앞면에
장식 단추를 단다

시접끼리 안쪽
고정한다
몸판(겉)
안쪽 단추
장식단추
안단 끝을 뒤중심
시접에 실루프로
고정(p.62 참조)
안단과 주머닛감을
고정한다

A2 photo page 4 롱베스트

A1 photo page 7 베스트

- 실물크기 옷본 … 1면

- 완성치수(왼쪽부터 S / M / L)
  가슴둘레 … 99 / 102 / 106cm
  [A2]전체길이 … 109.5cm(전사이즈 공통)
  [A1]전체길이 … 69cm(전사이즈 공통)
  어깨너비 … 37 / 38 / 40cm

- 재료(왼쪽부터 S / M / L)
  [A2] 면마 헤링본 미색 … 106cm폭×365cm(전사이즈 공통)
  [A2] 접착심지 … 100×280cm
  [A2] 1cm폭 늘어남방지테이프 … 400cm
  [A1] 폴리에스테르 네이비 … 134cm폭×180 / 180 / 185cm
  [A1] 접착심지 … 100×250cm
  [A2] 1cm폭 늘어남방지테이프 … 300cm
  [공통]
  단추 지름 1.8cm … 1개
  안쪽 단추 지름 1.8cm … 1개
  주머닛감용 옷감 … 55×35cm(본체가 두꺼운 경우에는 필요 없음)

준비작업 p.58 참조

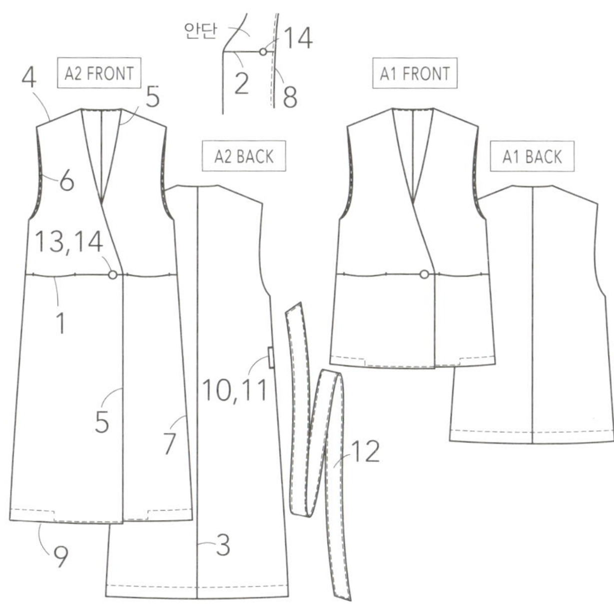

● 옷감을 마름질 하는 법

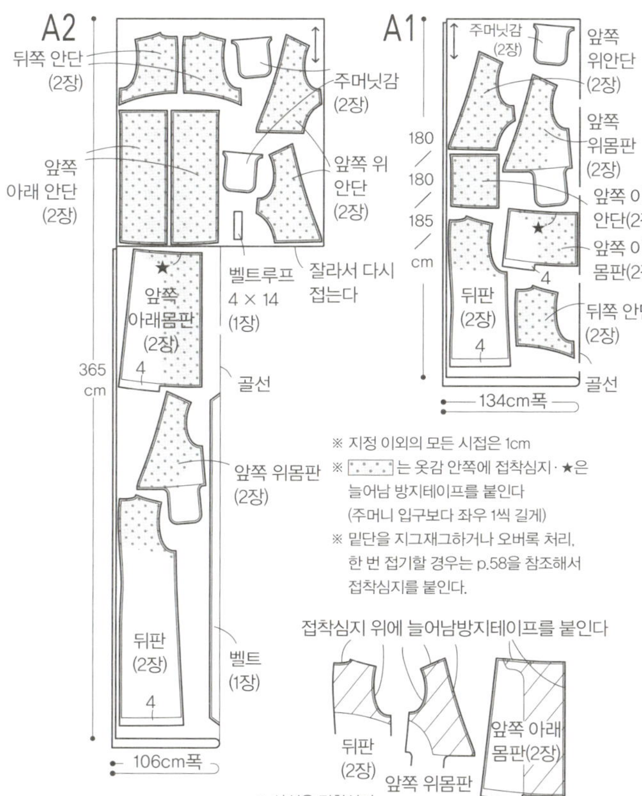

※ 지정 이외의 모든 시접은 1cm
※ [∵] 는 옷감 안쪽에 접착심지 · ★은
  늘어남 방지테이프를 붙인다
  (주머니 입구보다 좌우 1씩 길게)
※ 밑단을 지그재그하거나 오버록 처리.
  한 번 접기할 경우는 p.58을 참조해서
  접착심지를 붙인다.

접착심지 위에 늘어남방지테이프를 붙인다

※ 사선은 접착심지

1 주머니를 만든다

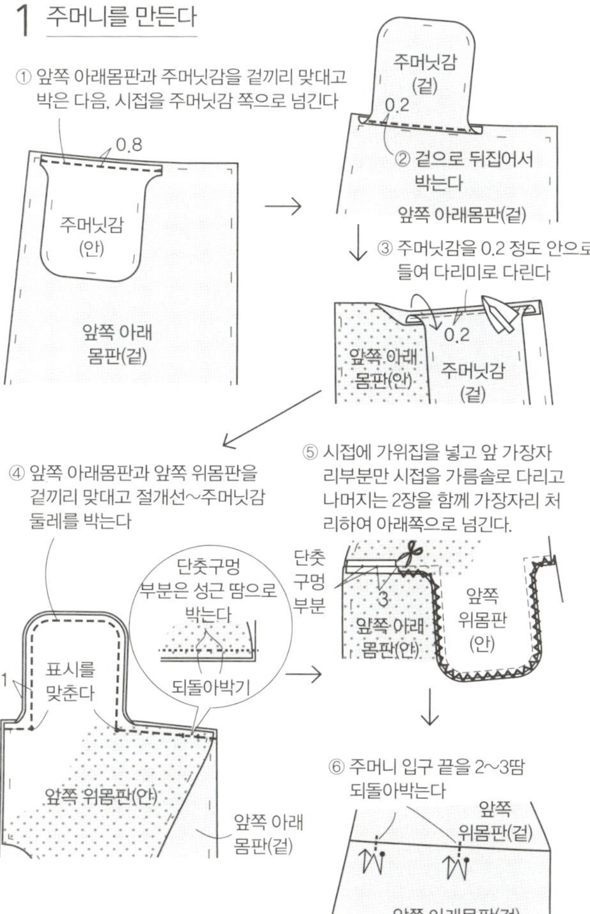

① 앞쪽 아래몸판과 주머닛감을 겉끼리 맞대고
  박은 다음, 시접을 주머닛감 쪽으로 넘긴다

④ 앞쪽 아래몸판과 앞쪽 위몸판을
  겉끼리 맞대고 절개선~주머닛감
  둘레를 박는다

⑤ 시접에 가위집을 넣고 앞 가장자
  리부분만 시접을 가름솔로 다리고
  나머지는 2장을 함께 가장자리 처
  리하여 아래쪽으로 넘긴다.

⑥ 주머니 입구 끝을 2~3땀
  되돌아박는다

2 안단의 절개선을 박는다   ＊ p.59의 2를 참조

3 뒷중심을 박는다   ＊ p.59의 3을 참조

4 어깨선을 박는다   ＊ p.59의 4를 참조

5 앞가장자리~목둘레선을 박는다   ＊ p.59의 5를 참조

6 진동둘레를 박는다

① 안쪽으로 뒤집어서 몸판과 안단을
겉끼리 맞대고 소매 옆선에서 5 남기고
진동둘레를 박는다
시접에 가위집을 넣는다

② ①의 박지 않고 남긴 부분에서 3 안으로 들인 위치에서
어깨방향으로 안단과 시접에만 스티치를(p.59 ② 참조) 넣는다.
한쪽씩 재봉틀이 들어갈 수 있는 데까지 하면 된다

③ 겉으로 뒤집는다

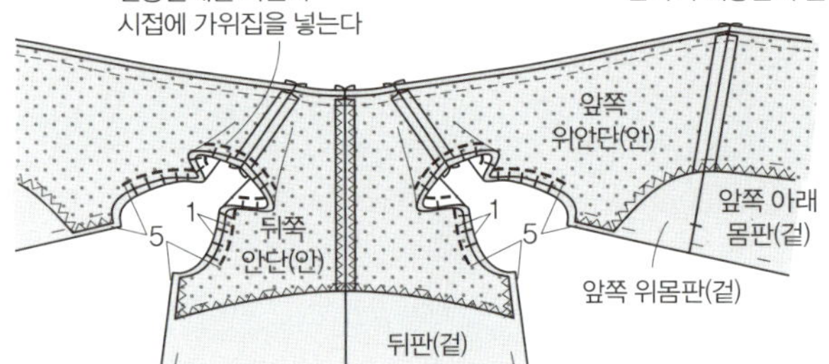

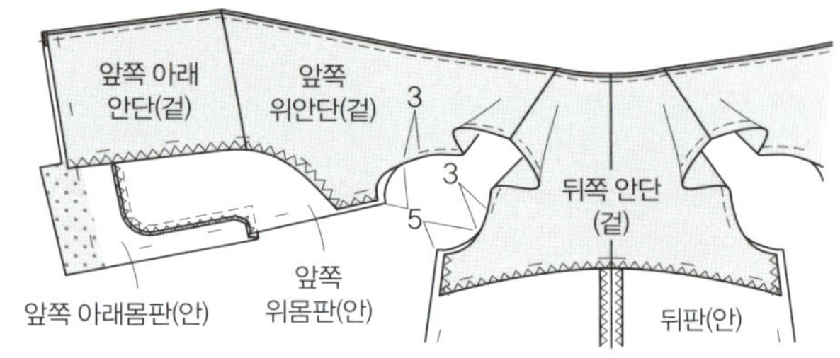

7 몸판 옆선을 박는다   ＊ p.59의 6을 참조. 몸판 옆선을 박은 후에 진농눌레 아래의 님은 부분을 박는다

① 몸판과 안단을 겉끼리 맞대고 남겨둔 진동둘레를 박는다

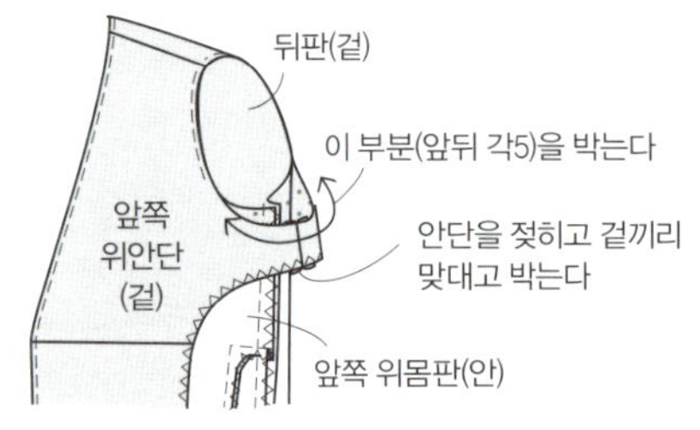

② 안단과 시접에만 스티치를 넣는다(앞가장자리~목둘레선도 동일)

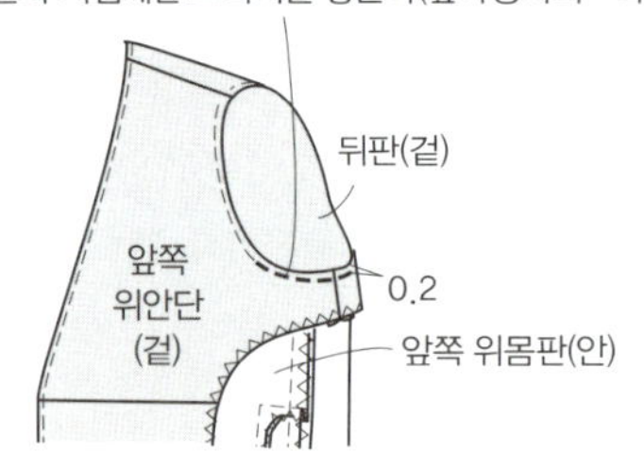

→

8 안단 가장자리를 박는다   ＊ p.59의 7을 참조

9 밑단을 박는다   ＊ p.60의 10을 참조

10 벨트루프를 박는다   ＊ [A2]만 벨트루프 있음

① 벨트루프를 겉끼리 맞대고
접어서 박는다

② 겉으로 뒤집어 다림질로
정돈하고 반으로 자른다

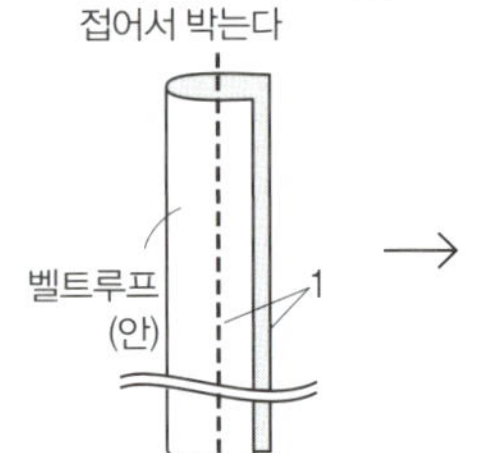

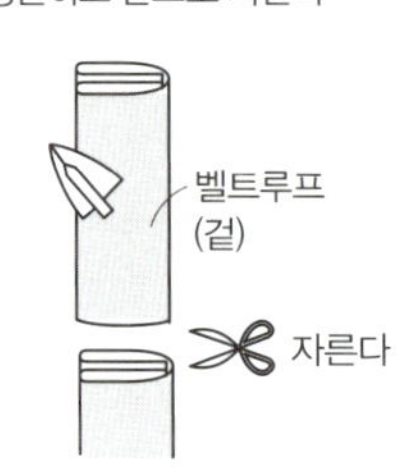

→

11 벨트루프를 단다   ＊ [A2]만 벨트루프 있음

① 벨트루프의 위아래를
1접는다

② 뒤판의 지정된 위치에 올리고 위아래를
되돌아박는다.

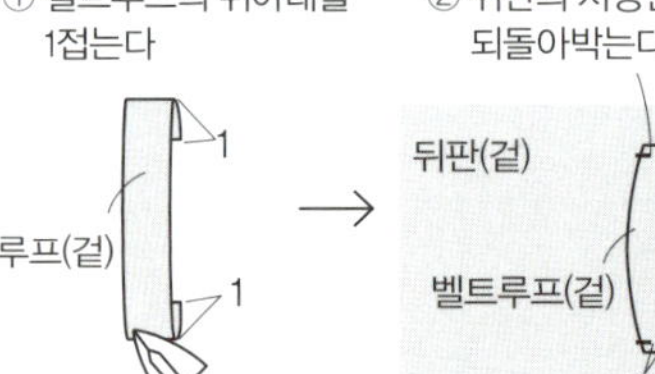

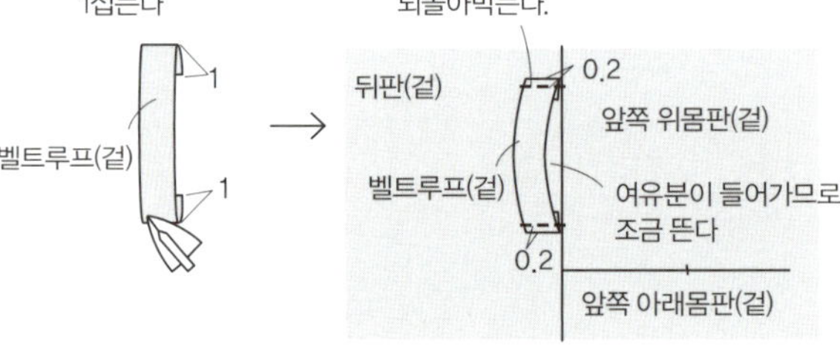

→

12 벨트를 박는다   ＊ [A2]만 벨트 있음

① 벨트 둘레를 다리미로 접는다

② 폭 중앙에서 반으로 접고
둘레에 스티치를 넣는다

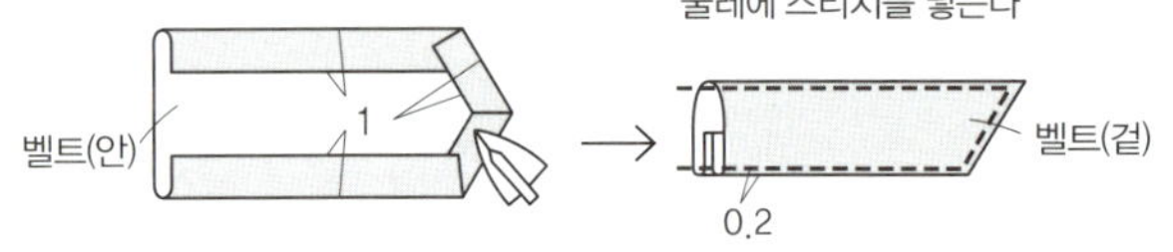

13 단춧구멍을 박는다   ＊ p.60의 13을 참조

14 실루프와 단추를 단다
＊ p.60의 14를 참조

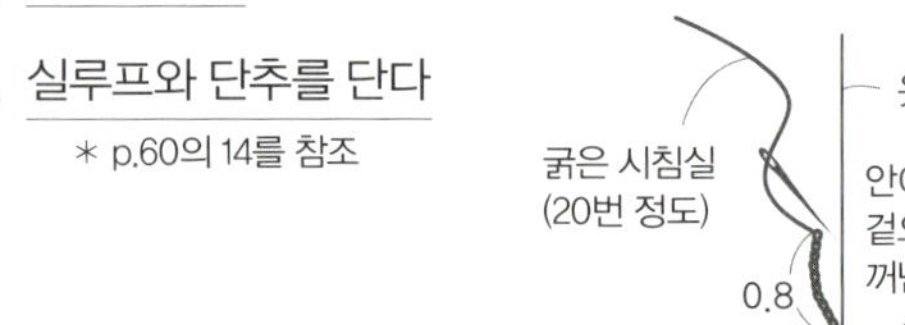

B1 photo page 14 민소매 셔츠원피스

B2 photo page 15 반소매 셔츠원피스

- 실물크기 옷본 … 2면
- 완성치수(왼쪽부터 S / M / L)
  가슴둘레 … 95.5 / 98.5 / 102.5cm
  전체길이 … 118cm(전사이즈 공통)
  어깨너비 … 37 / 38 / 40cm
  [B2] 소매길이 … 21.5cm(전사이즈 공통)
- 재료(왼쪽부터 S / M / L)
  [B1] 코튼 블랙 … 105cm폭×365 / 375 / 400cm
  [B2] 본체 : 블루 스트라이프 … 110cm폭×345 / 345 / 350cm
  옷깃, 단추집덧단 : 코튼 화이트 … 105cm폭×125cm(전사이즈 공통)
  [공통]
  접착심지 … 65×125cm
  단추 지름 1.15cm … 10개
  1cm폭 늘어남방지테이프 … 40cm

준비작업

[B1] [B2] 모두 p.64 참조(커프스 제외)

[B1] 진동둘레 외의 공정과 박음질 순서는 p.64 [B3] 참조 (p.65의 12~17은 생략. 12에서 p.53의 9를 참조해서 진동둘레를 박는다)

[B2] 소매 이외의 공정과 박음질 순서는 p.64 [B3] 참조(p.65의 12~16은 생략)

- **옷감을 마름질 하는 법**

진동둘레 바이어스감 = 폭 4×50 / 50.8 / 52.2

※ 지정 이외의 모든 시접은 1cm
※ [도트 무늬]는 천 안쪽에 접착심지 · ★은 늘어남방지테이프를 붙인다(주머니 입구보다 위아래 1씩 길게)

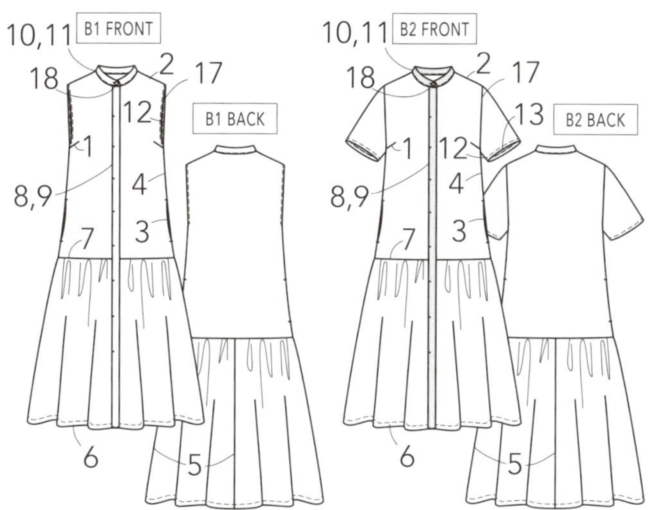

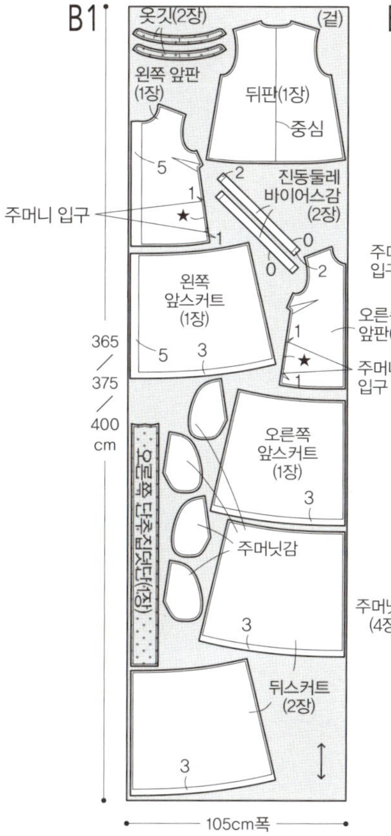

12 소매 옆선을 박는다

소매를 겉끼리 맞대고 소매 옆선을 박은 다음 시접 두 장을 함께 지그재그로 박거나 오버록해서 뒤쪽으로 넘긴다

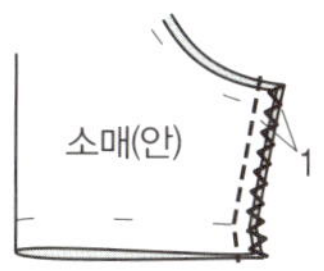

13 소맷부리를 박는다

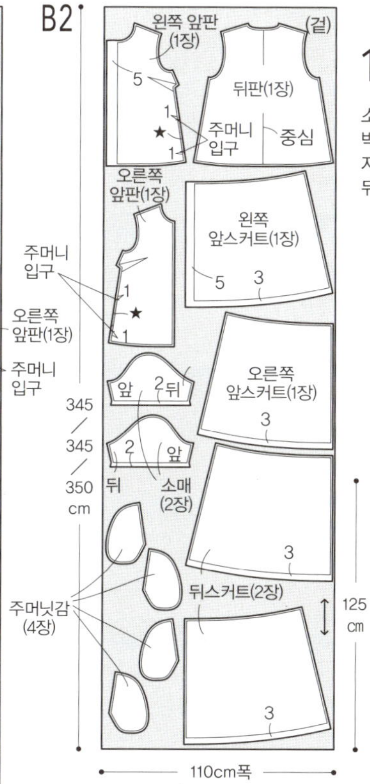

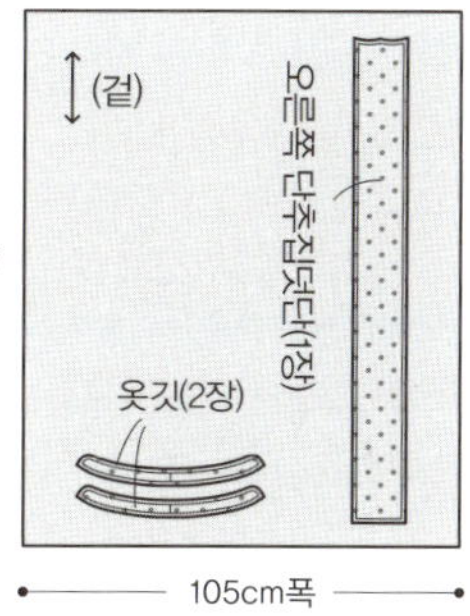

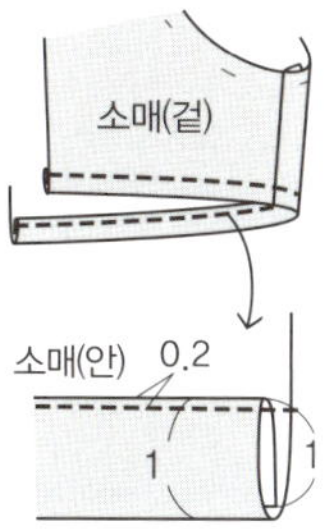

B3

긴소매 셔츠원피스

● 실물크기 옷본 … 2면

● 완성치수(왼쪽부터 S / M / L)
  가슴둘레 … 95.5 / 98.5 / 102.5cm
  전체길이 … 118cm(전사이즈 공통)
  어깨너비 … 37 / 38 / 40cm
  소매길이 … 59.5cm(전사이즈 공통)
  소맷부리 … 23.5 / 24.5 / 25.5cm

● 재료(왼쪽부터 S / M / L)
  워싱 라미 린넨 60수 오프화이트 … 110cm 폭×395 / 395 / 405cm
  접착심지 … 65×125cm
  단추 지름 1.15cm … 12개
  1cm폭 늘어남방지테이프 … 40cm
  루퍼 … 2개(같은 옷감으로 루프를 만들 경우에는 필요 없음)

준비작업

필요한 부분의 시접을 다리미로 미리 다려둔다

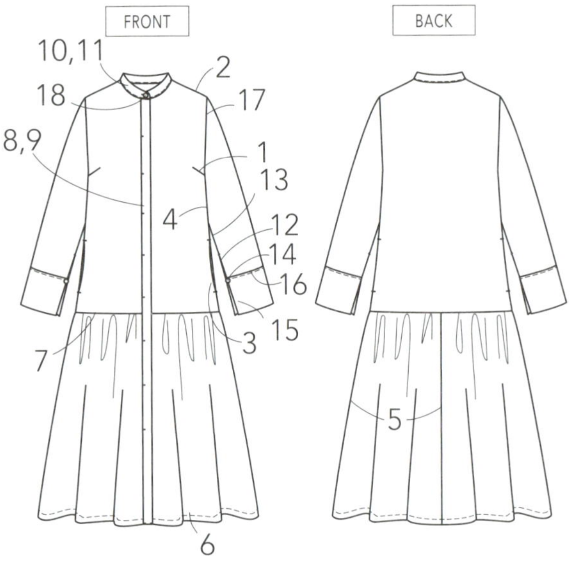

● 옷감을 마름질 하는 법

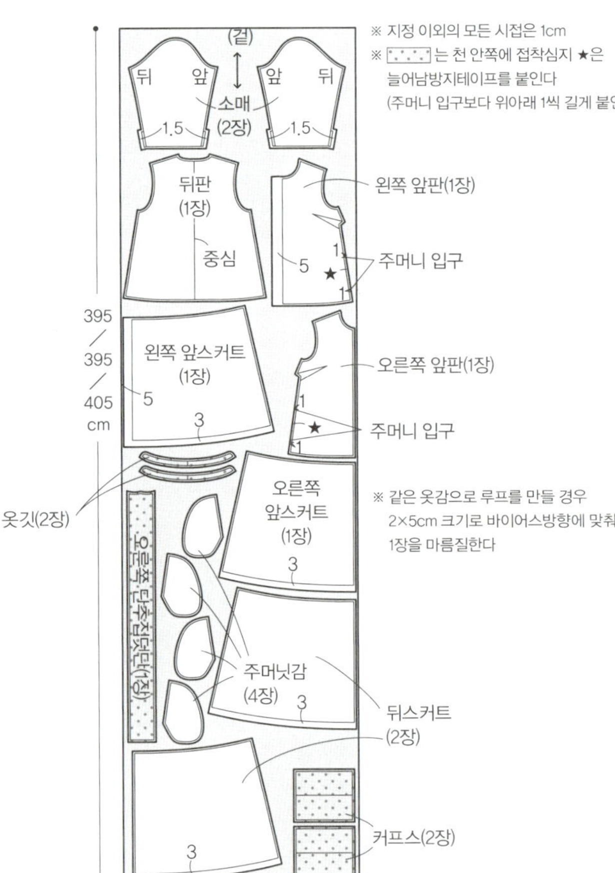

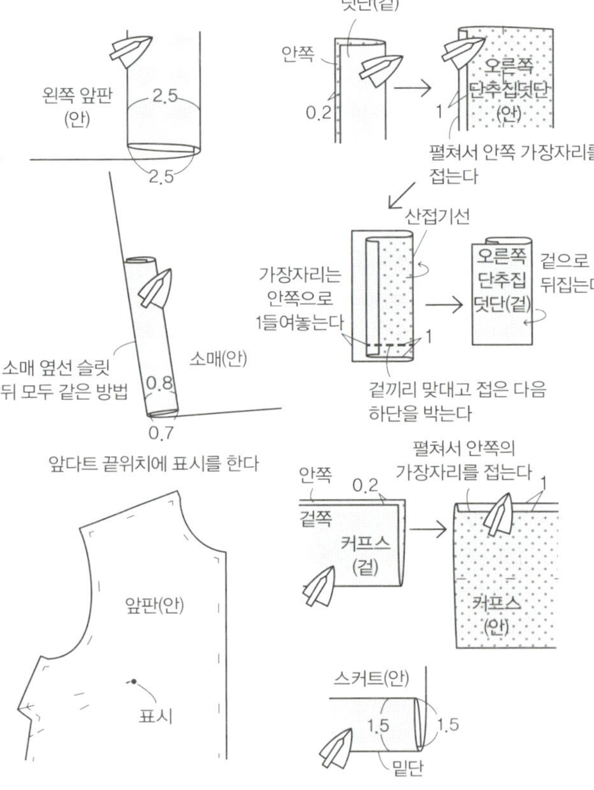

1 가슴다트를 박는다 　＊ p.66의 1을 참조

2 어깨선을 박는다 　＊ p.51의 6을 참조(안단은 필요 없음)

3 주머니를 만든다 　＊ p.51의 1을 참조

4 몸판과 몸판 옆선을 박는다 　＊ p.51의 3을 참조

5 스커트의 옆선과 뒤중심을 박는다

앞뒤스커트를 겉끼리 맞대고 옆선을 박는다. 뒤중심을 겉끼리 맞대고 박는다.
시접 두 장을 함께 가장자리 처리해서 옆선은 뒤쪽으로 뒤중심은 오른쪽으로
넘긴다

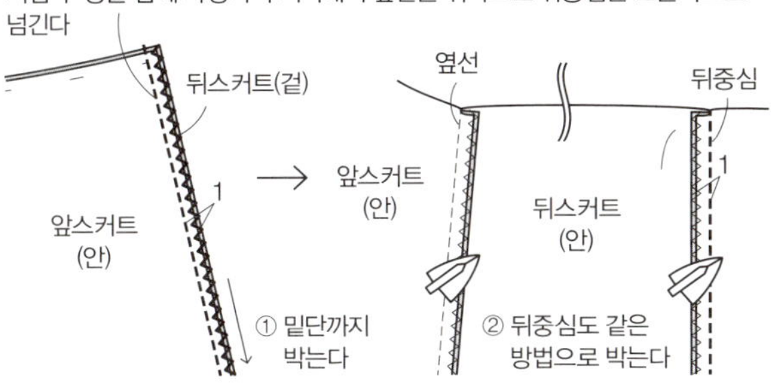

6 밑단을 박는다　* p.74의 3을 참조

7 스커트를 단다

① 스커트에 주름을 잡아 몸판과 겉끼리 맞대고 박은 다음
시접 2장을 함께 가장자리 처리해서 몸판 쪽으로 넘긴다

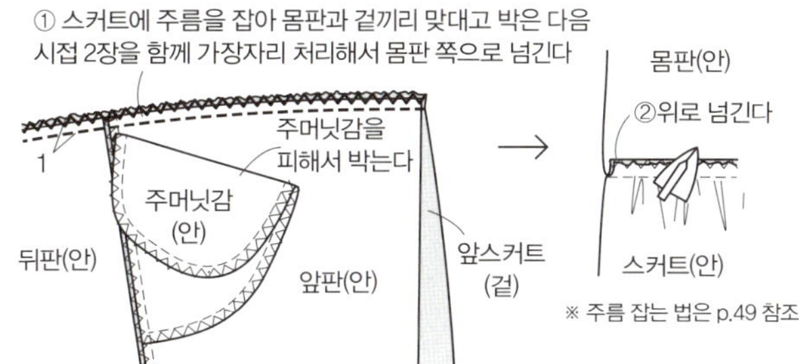

8 오른쪽 단추집덧단을 박는다

① 오른쪽 단추집덧단 바깥쪽과
오른쪽 앞판·스커트를 겉끼리
맞대고 박은 다음, 시접을
단추집덧단으로 넘긴다

② 단추집덧단 안쪽을
시접으로 감싸고 겉에서
스티치를 넣는다

③ 지정된 위치에 구멍을
뚫는다

④ 단추집덧단을 계곡접기 위치에서 겉쪽으로
접고 옷본에 표시된 위치를 되돌아박기 한 뒤
밑단에 스티치를 해서 고정한다

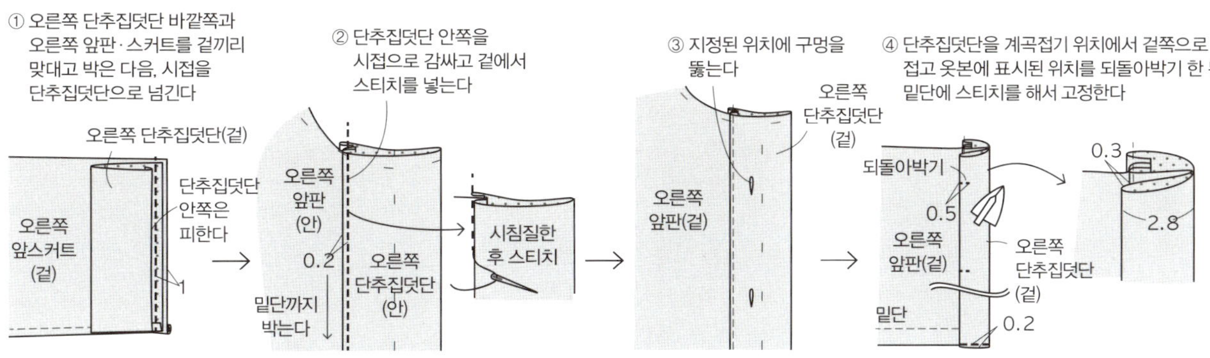

9 왼쪽 앞가장자리를 박는다

왼쪽 몸판 앞가장자리의 시접을
두 번 접어 박는다

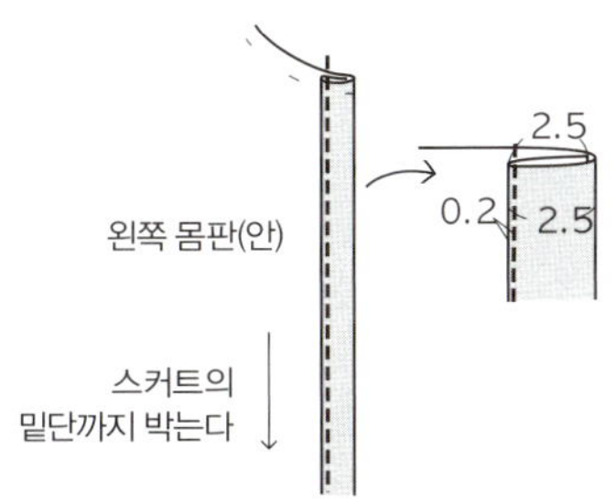

10 옷깃을 박는다　* p.57의 4를 참조

11 옷깃을 단다　* p.57의 5를 참조. 단춧구멍도 만든다

12 소맷부리 슬릿을 박는다

소맷부리 슬릿의 시접을
두 번 접어 박는다

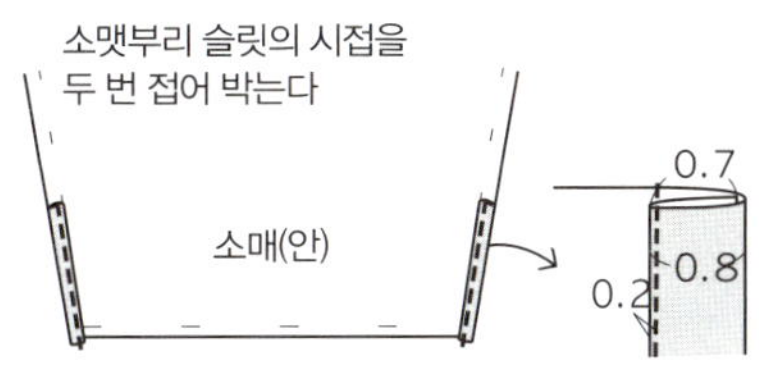

13 소매 옆선을 박는다

① 소매를 겉끼리 맞대고 소매 옆선을
트임 끝까지 박은 다음, 시접 2장을 함께
가장자리 처리해서 뒤쪽으로 넘긴다.

② 트임 끝위치를 2~3땀
되돌아박기한다

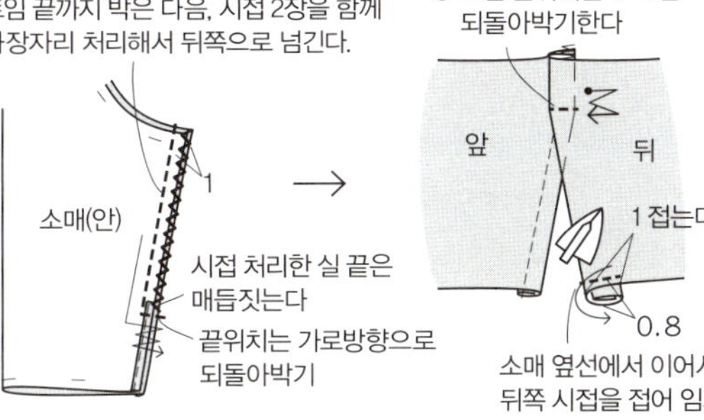

14 루프를 박는다　* p.51의 7를 참조. 커프스의 지정된 위치에 고정한다

15 커프스를 박는다　* p.67의 11을 참조

16 커프스를 단다　* p.67의 12를 참조

17 소매를 단다　* p.60의 11, 12를 참조, 어깨 보강용 패드는 필요 없음

18 단추를 단다　* p.67의 14를 참조

B4 ^{photo page 10} 셔츠

- 실물크기 옷본 … 2면

- 완성치수(왼쪽부터 S / M / L)
  가슴둘레 … 95.5 / 98.5 / 102.5cm
  전체길이 … 72.5cm(전사이즈 공통)
  어깨너비 … 37 / 38 / 40cm
  소매길이 … 59.5cm(전사이즈 공통)
  소맷부리 … 23.5 / 24.5 / 25.5cm

- 재료(왼쪽부터 S / M / L)
  오가닉 코튼 40수 오프화이트 … 114cm폭×210 / 210 / 215cm
  접착심지 … 100×70cm
  단추 지름 1.15cm … 8개
  루퍼 … 2개(같은 옷감으로 루프를 만들 경우에는 필요 없음)

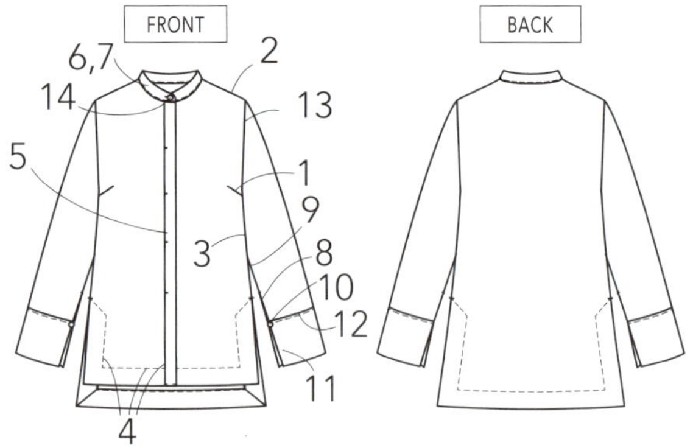

● 옷감을 마름질 하는 법

※ 지정 이외의 모든 시접은 1cm
※ [·····] 는 천 안쪽에 접착심지를 붙인다

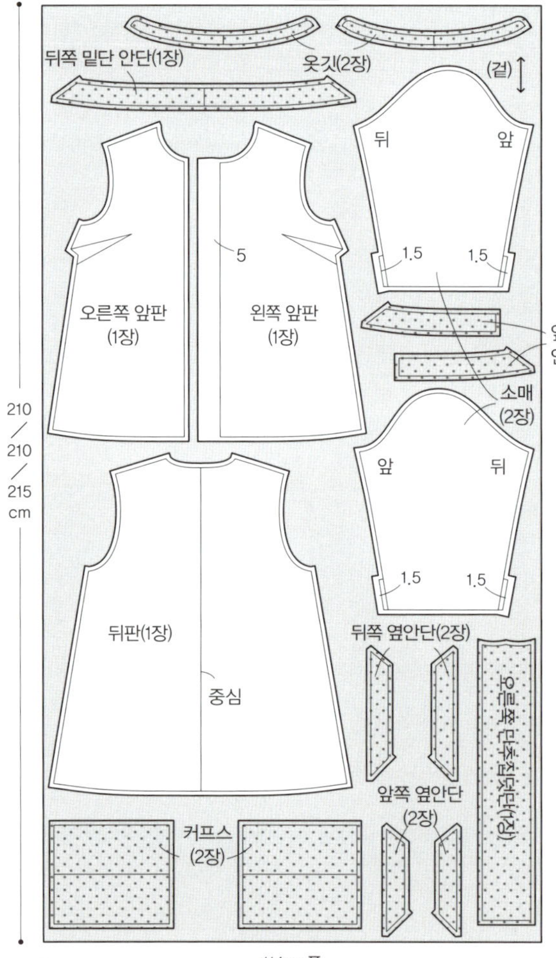

※ 같은 옷감으로 루프를 만들 경우 2×5cm 크기로
바이어스방향에 맞춰 1장을 마름질한다

준비작업

p.64 참조. 스커트 밑단 제외

1 가슴다트를 박는다

앞판을 겉끼리 맞대어 접고 다트를
박은 다음, 시접을 위쪽으로 넘긴다

다트 끝은 바늘 한 땀 정도
접은선과 평행하게 박고 끝은
되돌아박지 않고 매듭짓는다

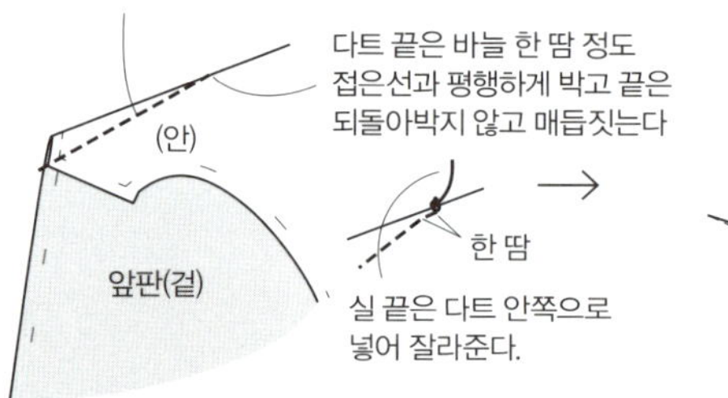

2 어깨선을 박는다 ＊ p.51의 6을 참조(안단은 필요 없음)

3 몸판 옆선을 박는다

앞뒤판을 겉끼리 맞대고 슬릿 끝까지 몸판 옆선을 박는 다음,
시접 2장을 같이 가장자리 처리해서 뒤쪽으로 넘긴다

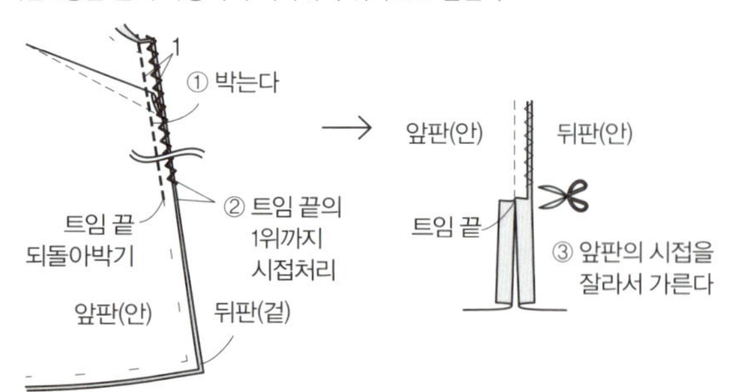

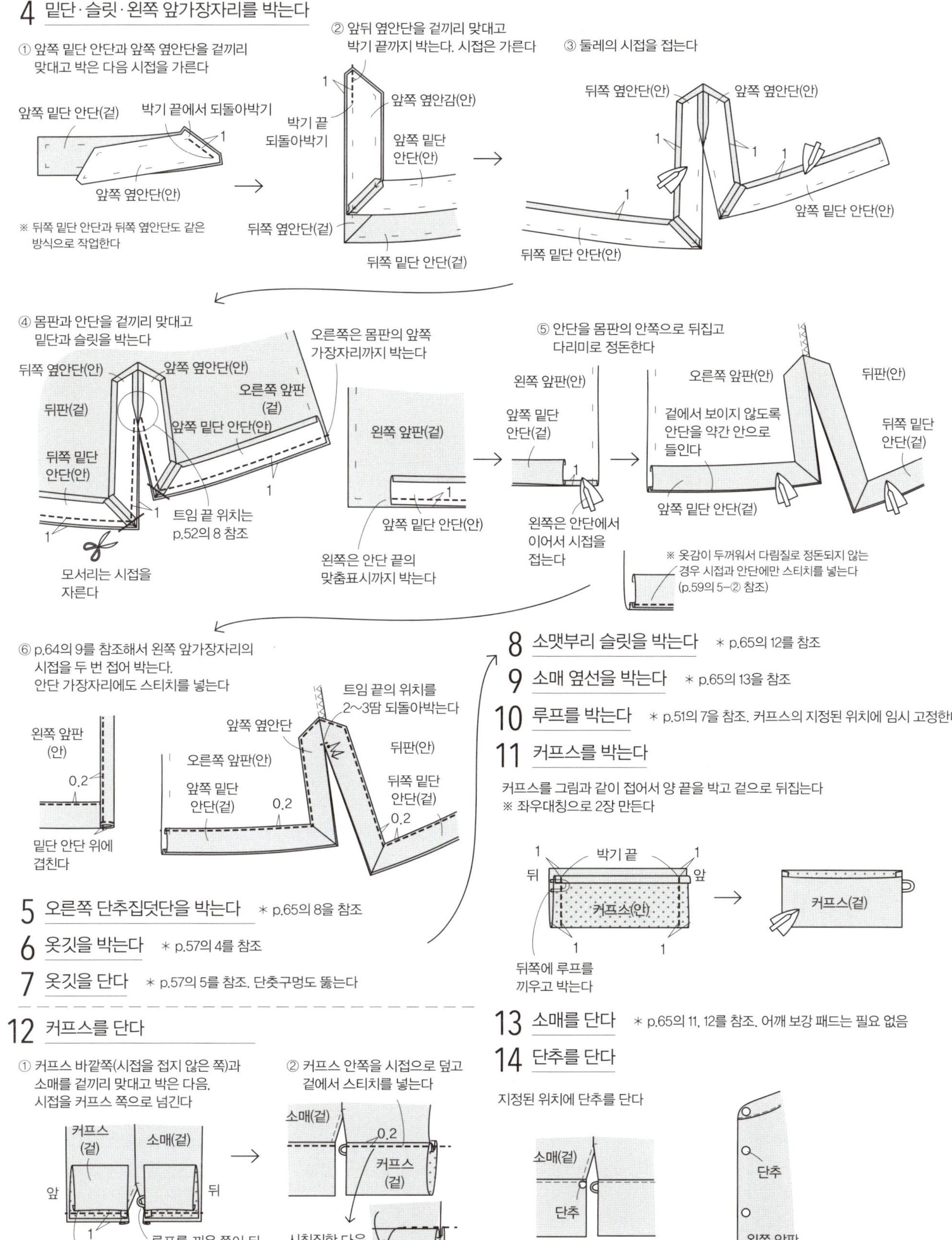

4 밑단·슬릿·왼쪽 앞가장자리를 박는다

① 앞쪽 밑단 안단과 앞쪽 옆안단을 겉끼리
   맞대고 박은 다음 시접을 가른다

※ 뒤쪽 밑단 안단과 뒤쪽 옆안단도 같은
   방식으로 작업한다

② 앞뒤 옆안단을 겉끼리 맞대고
   박기 끝까지 박는다. 시접은 가른다

③ 둘레의 시접을 접는다

④ 몸판과 안단을 겉끼리 맞대고
   밑단과 슬릿을 박는다

오른쪽은 몸판의 앞쪽
가장자리까지 박는다

⑤ 안단을 몸판의 안쪽으로 뒤집고
   다리미로 정돈한다

※ 옷감이 두꺼워서 다림질로 정돈되지 않는
   경우 시접과 안단에만 스티치를 넣는다
   (p.59의 5-② 참조)

⑥ p.64의 9를 참조해서 왼쪽 앞가장자리의
   시접을 두 번 접어 박는다.
   안단 가장자리에도 스티치를 넣는다

5 오른쪽 단추집덧단을 박는다 * p.65의 8을 참조

6 옷깃을 박는다 * p.57의 4를 참조

7 옷깃을 단다 * p.57의 5를 참조. 단춧구멍도 뚫는다

8 소맷부리 슬릿을 박는다 * p.65의 12를 참조

9 소매 옆선을 박는다 * p.65의 13을 참조

10 루프를 박는다 * p.51의 7을 참조. 커프스의 지정된 위치에 임시 고정한다

11 커프스를 박는다

커프스를 그림과 같이 접어서 양 끝을 박고 겉으로 뒤집는다
※ 좌우대칭으로 2장 만든다

12 커프스를 단다

① 커프스 바깥쪽(시접을 접지 않은 쪽)과
   소매를 겉끼리 맞대고 박은 다음,
   시접을 커프스 쪽으로 넘긴다

② 커프스 안쪽을 시접으로 덮고
   겉에서 스티치를 넣는다

13 소매를 단다 * p.65의 11, 12를 참조. 어깨 보강 패드는 필요 없음

14 단추를 단다

지정된 위치에 단추를 단다

E4

롱로브

- ● 실물크기 옷본 ··· 3면

- ● 완성치수(왼쪽부터 S / M / L)
  가슴둘레 ··· 131 / 135 / 139cm
  전체길이 ··· 120cm(전사이즈 공통)
  어깨너비 ··· 50 / 52 / 54cm
  소매길이 ··· 51.5cm(전사이즈 공통)
  소맷부리 ··· 27 / 28 / 29cm

- ● 재료(왼쪽부터 S / M / L)
  벨기에산 워싱 린넨 60수 오프화이트
    ··· 110cm폭×400cm(전사이즈 공통)
  1cm폭 늘어남방지테이프 ··· 40cm
  접착심지 ··· 적당량(보강용)

준비작업

지정된 위치에 표시를 한다

시접과 턱을 미리 다림질한다

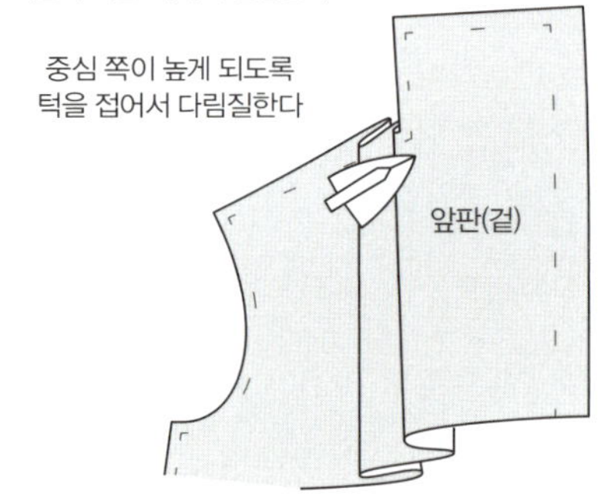

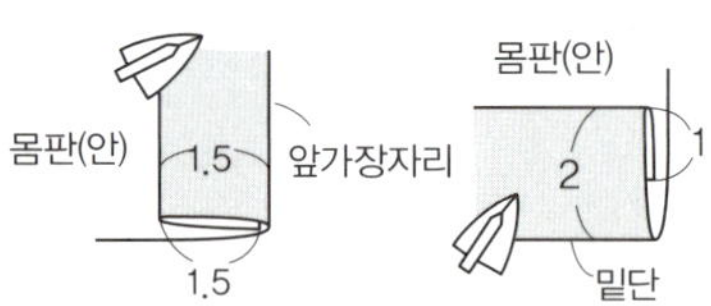

FRONT / BACK

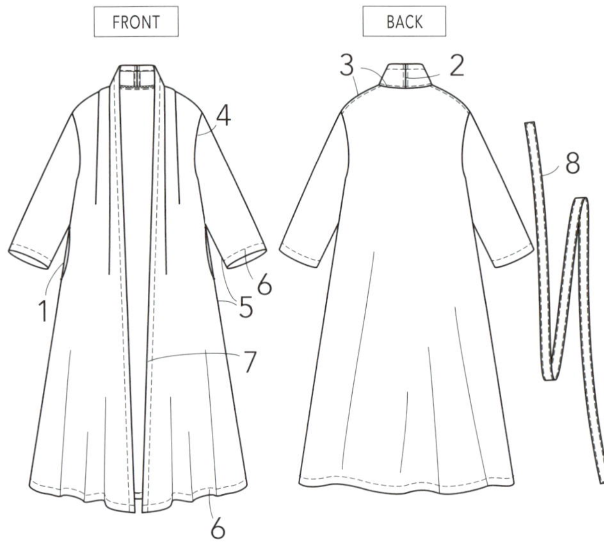

● 옷감을 마름질 하는 법

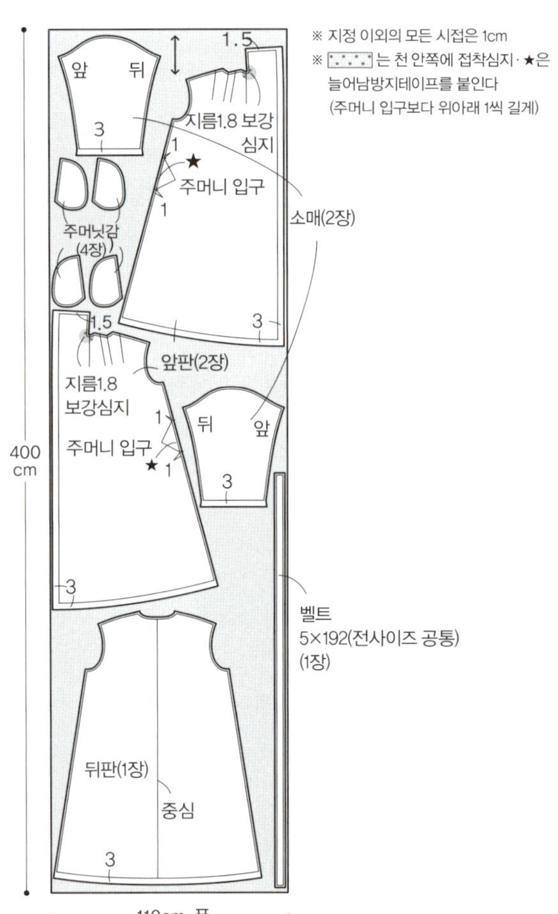

※ 지정 이외의 모든 시접은 1cm
※ ⋯⋯ 는 천 안쪽에 접착심지·★은
   늘어남방지테이프를 붙인다
   (주머니 입구보다 위아래 1씩 길게)

1 주머니를 만든다 ＊ p.51의 1을 참조

2 옷깃의 뒷중심을 박는다

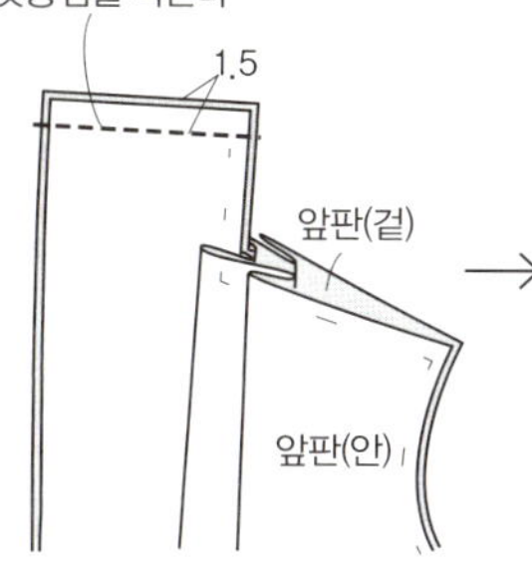

① 앞판을 겉끼리 맞대고 옷깃의 뒷중심을 박는다

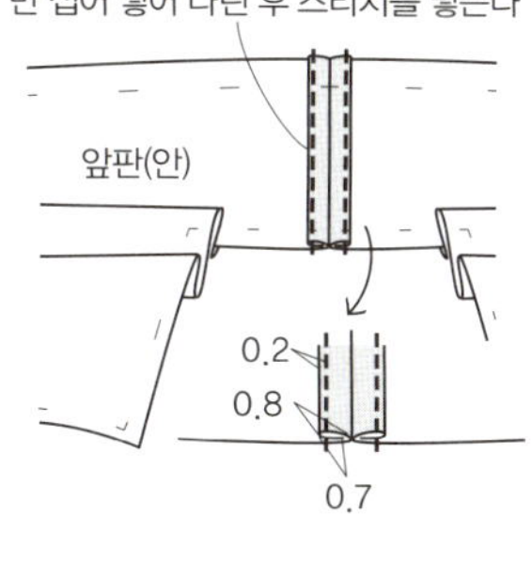

② 시접을 가름솔로 벌리고 안쪽으로 반 접어 넣어 다린 후 스티치를 넣는다

② 앞뒤 몸판을 겉끼리 맞대고 턱의 접은선을 펴서 어깨선을 박은 다음, 시접 2장을 함께 가장자리 처리한다

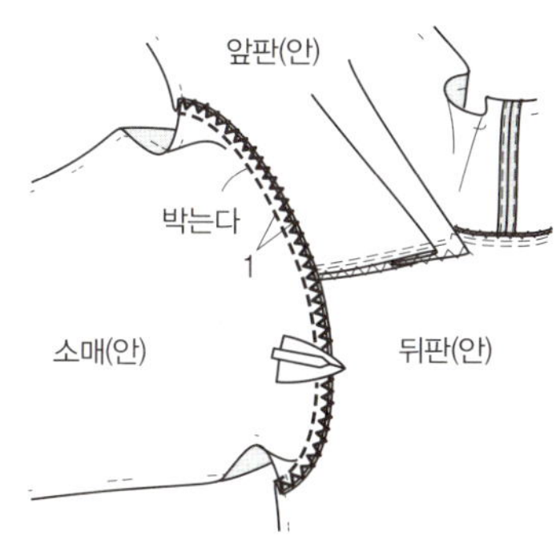

3 뒷목둘레선·어깨선을 박는다

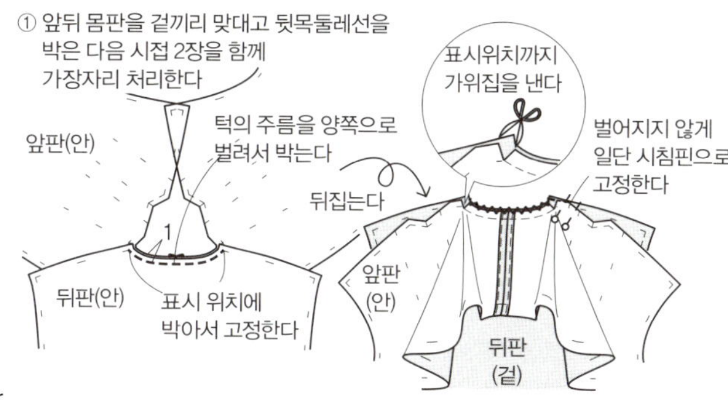

① 앞뒤 몸판을 겉끼리 맞대고 뒷목둘레선을 박은 다음 시접 2장을 함께 가장자리 처리한다

③ 목둘레 시접은 옷깃 쪽(앞판쪽), 어깨 시접은 뒤판 쪽으로 넘겨 스티치를 넣어 고정한다

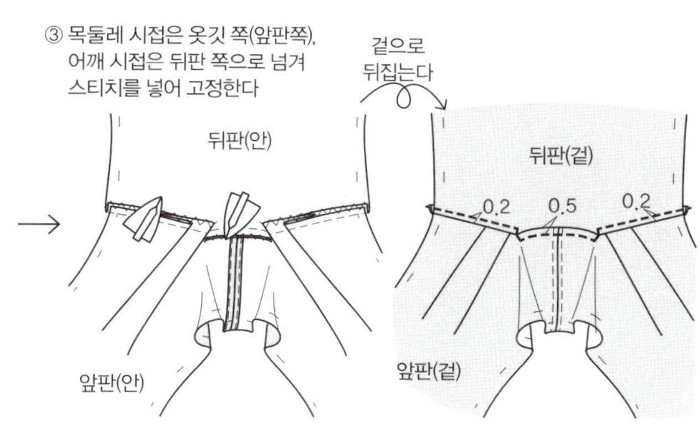

4 소매를 단다

몸판과 소매를 겉끼리 맞대고 진동둘레를 박은 다음, 시접 2장을 함께 처리해서 몸판 쪽으로 넘긴다

5 소매 옆선~몸판 옆선을 박는다

① 몸판·소매를 겉끼리 맞대고 소매 옆선~몸판 옆선을 이어서 박은 다음, 시접 2장을 함께 가장자리 처리해서 뒤쪽으로 넘긴다

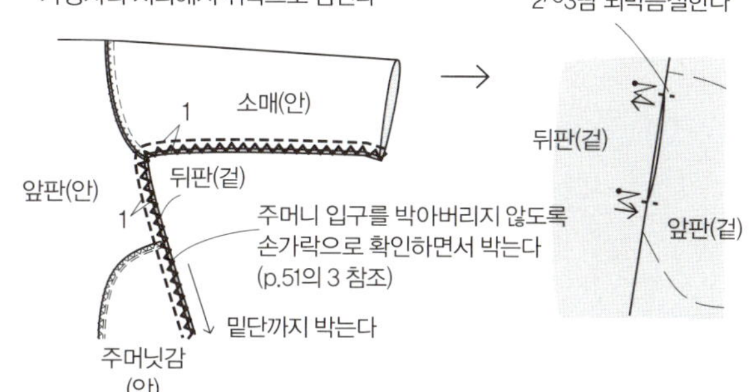

6 소맷부리·밑단을 박는다

소맷부리·몸판 밑단의 시접을 두 번 접어 박는다

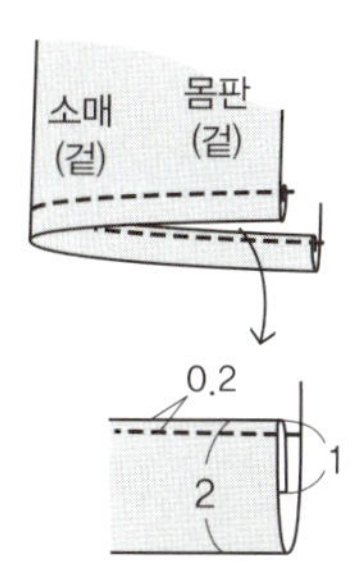

7 앞가장자리를 박는다

몸판 앞가장자리의 시접을 두 번 접어 박는다

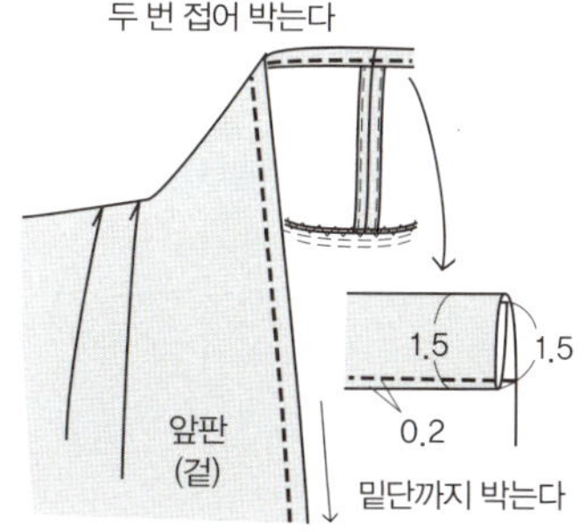

8 벨트를 박는다

① 벨트둘레를 다림질해서 접는다

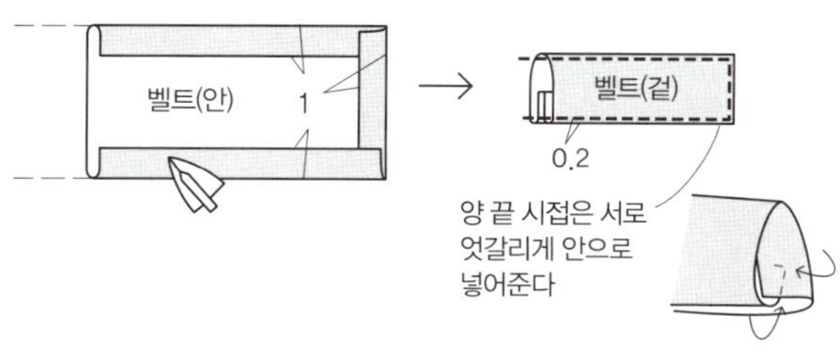

E2

롱베스트

- 실물크기 옷본 … 3면

- 완성치수(왼쪽부터 S / M / L)
  가슴둘레 … 131 / 135 / 139cm
  전체길이 … 120cm(전사이즈 공통)
  어깨너비 … 50 / 52 / 54cm

- 재료(왼쪽부터 S / M / L)
  트윌 2WAY 안쪽 기모원단 그레이
  … 132cm폭×410cm(전사이즈 공통)
  1cm폭 늘어남방지테이프 … 40cm
  접착심지 … 적당량(보강용)

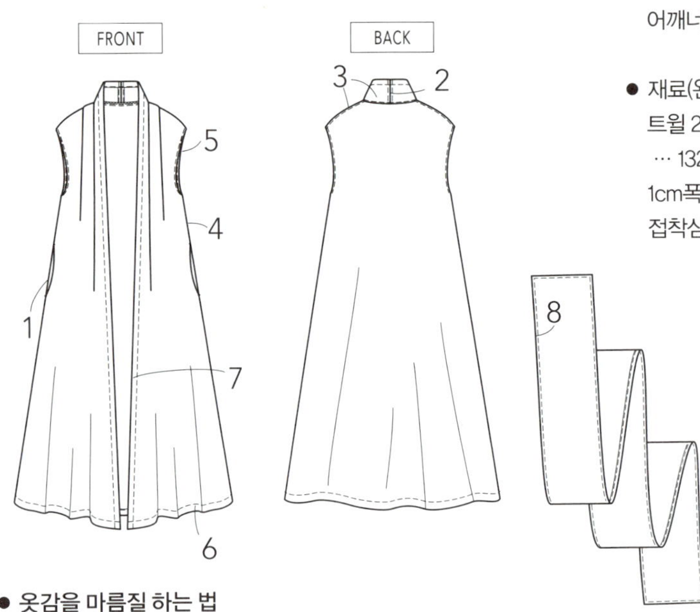

- 옷감을 마름질 하는 법

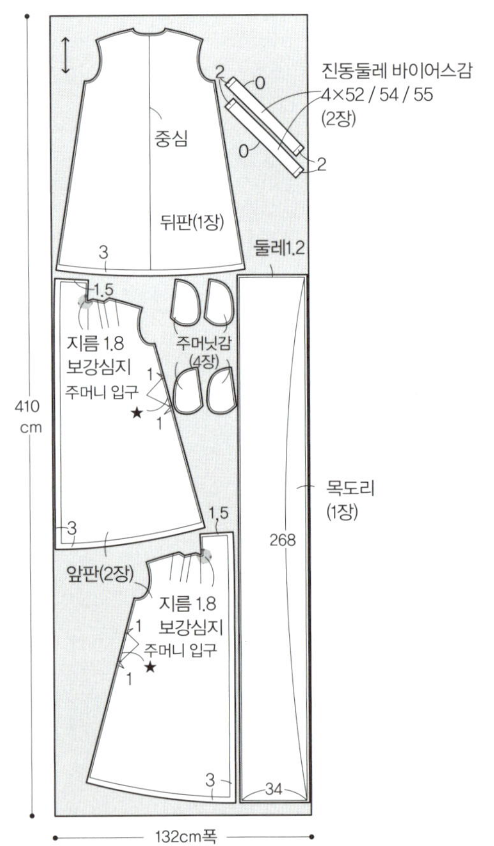

준비작업

p.68 참조. 소매는 생략

1 주머니를 만든다 * p.51의 1을 참조

2 옷깃의 뒷중심을 박는다 * p.69의 2를 참조

3 뒷목둘레선 · 어깨선을 박는다 * p.69의 3을 참조

4 몸판 옆선을 박는다 * p.51의 3을 참조

5 진동둘레를 박는다 * p.53의 9를 참조

6 밑단을 박는다 * p.69의 6을 참조

7 앞가장자리를 박는다 * p.69의 7을 참조

8 목도리를 박는다

목도리 둘레의 시접을
두 번 접어 박는다

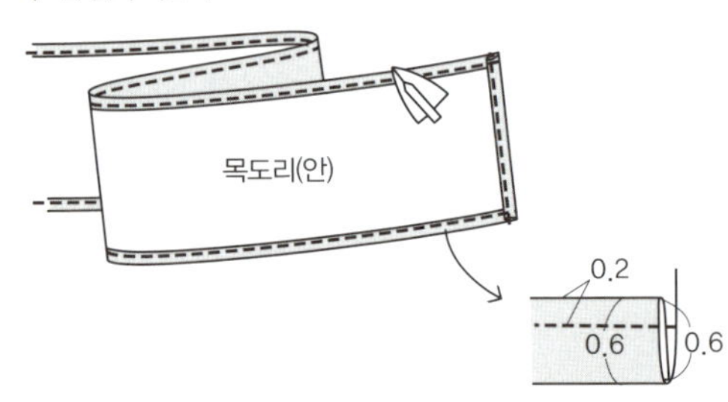

※ 지정 이외의 모든 시접은 1cm
※ 〔┄┄〕는 천 안쪽에 접착심지 · ★은 늘어남방지테이프를 붙인다
　(주머니 입구보다 위아래 1씩 길게)

E3

오픈 재킷

- 실물크기 옷본 ··· 3면

- 완성치수(왼쪽부터 S / M / L)
  가슴둘레 ··· 131 / 135 / 139cm
  전체길이 ··· 68.5cm(전사이즈 공통)
  어깨너비 ··· 50 / 52 / 54cm
  소매길이 ··· 51.5cm(전사이즈 공통)
  소맷부리 ··· 27 / 28 / 29cm

- 재료(왼쪽부터 S / M / L)
  울 혼방 트위드 베이지 ··· 135cm폭×360cm(전사이즈 공통)
  접착심지 ··· 적당량(보강용)

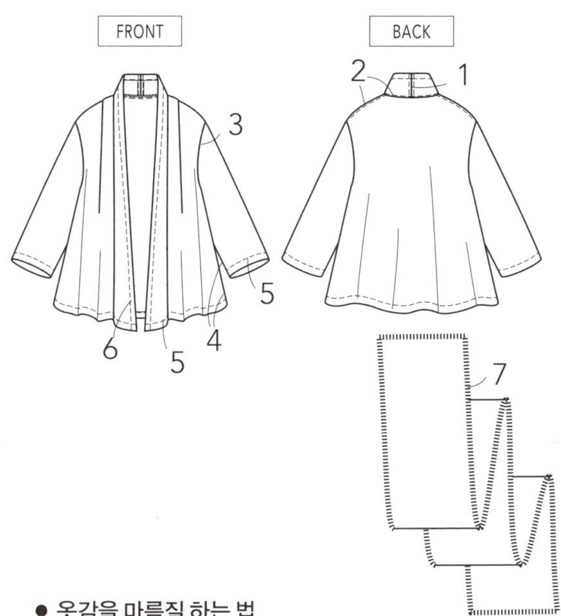

● 옷감을 마름질 하는 법

※ 지정 이외의 모든 시접은 1cm
※ 〰 는 천 안쪽에 접착심지를 붙인다

준비작업

p.68 참조

1 옷깃의 뒷중심을 박는다 　＊ p.69의 2를 참조

2 뒷목둘레선 · 어깨선을 박는다 　＊ p.69의 3을 참조

3 소매를 단다 　＊ p.69의 4를 참조

4 소매 옆선～몸판 옆선을 박는다 　＊ p.69의 5를 참조

5 소맷부리 · 밑단을 박는다 　＊ p.69의 6을 참조

6 앞가장자리를 박는다 　＊ p.69의 7을 참조

7 목도리를 만든다

목도리 둘레에서 약 1～1.5 정도 올을 빼내어 프린지를 만든다

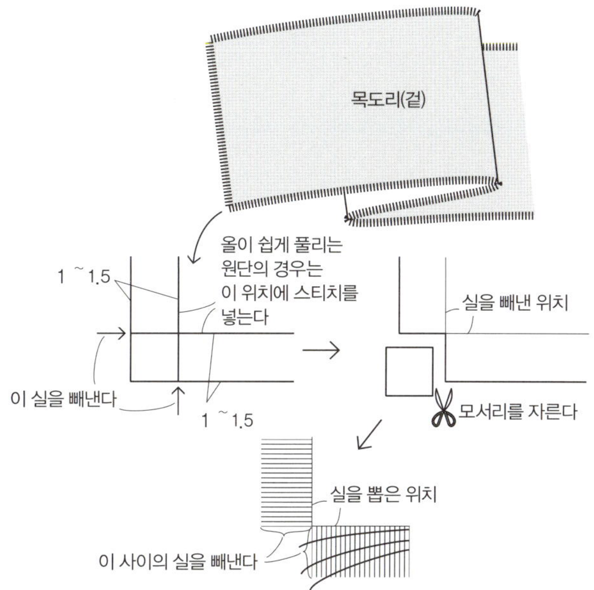

"""

숄베스트

- 실물크기 옷본 ⋯ 3면

- 완성치수(왼쪽부터 S / M / L)
  가슴둘레 ⋯ 131 / 135 / 139cm
  전체길이 ⋯ 68.5cm(전사이즈 공통)
  어깨너비 ⋯ 50 / 52 / 54cm

- 재료(왼쪽부터 S / M / L)
  면 블랙 ⋯ 106cm폭×240cm(전사이즈 공통)
  접착심지 ⋯ 적당량(보강용)

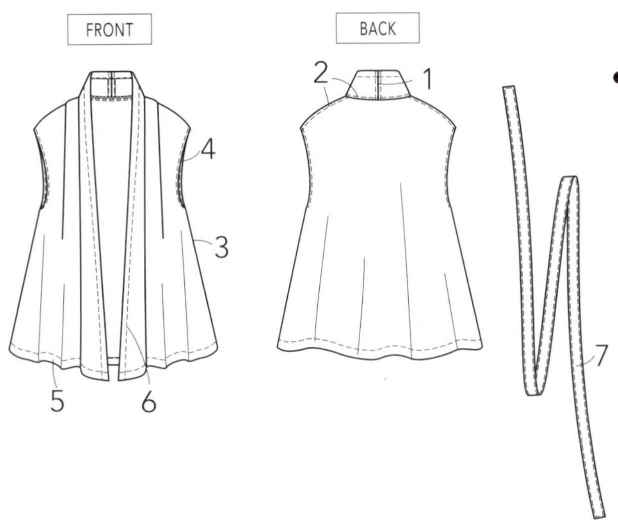

- **옷감을 마름질 하는 법**

※ 지정 이외의 모든 시접은 1cm
※ ▨ 는 천 안쪽에 접착심지를 붙인다

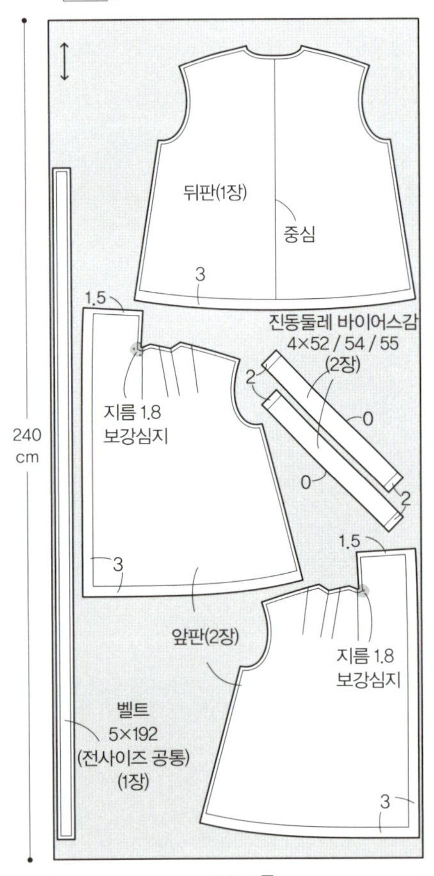

준비작업

p.68 참조. 소매는 생략

1 옷깃의 뒷중심을 박는다 ＊ p.69의 2를 참조

2 뒷목둘레선 · 어깨선을 박는다 ＊ p.69의 3을 참조

3 몸판 옆선을 박는다 ＊ p.51의 3을 참조. 주머니는 생략

4 진동둘레를 박는다 ＊ p.53의 9를 참조

5 밑단을 박는다 ＊ p.69의 6을 참조

6 앞가장자리를 박는다 ＊ p.69의 7을 참조

7 벨트를 박는다 ＊ p.69의 8을 참조

F1 photo page 22 블랙 원피스 앞치마

F2 photo page 24 데님 원피스 앞치마

- 실물크기 옷본 … 4면

- 완성치수(왼쪽부터 S / M / L)
  앞상단 가슴너비 … 24 / 25 / 26cm
  전체길이(앞) … 106cm(전사이즈 공통)
  전체길이(뒤) … 79.5cm(전사이즈 공통)
  밑단둘레 … 195 / 199 / 203cm

- 재료(왼쪽부터 S / M / L)
  [F1] 코튼 블랙 … 130cm폭×235cm(전사이즈 공통)
  [F2] 리넨 혼방 데님 네이비 … 110cm폭×300 / 300 / 310cm
  [공통]
  접착심지 … 80×45cm
  1cm폭 늘어남방지테이프 … 50cm

준비작업

박음질하기 전에 필요한 부분을
다림질해서 접어놓는다

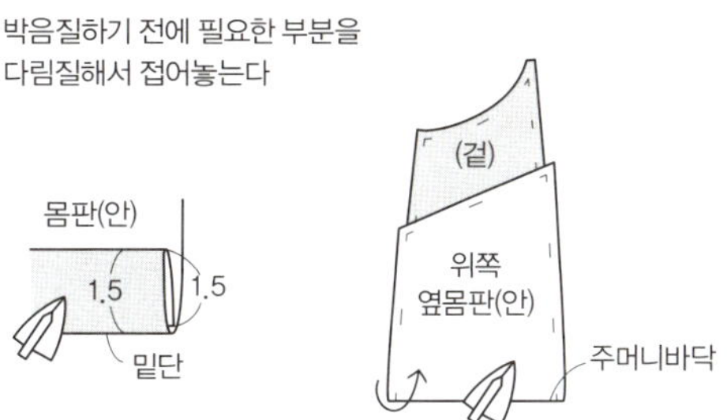

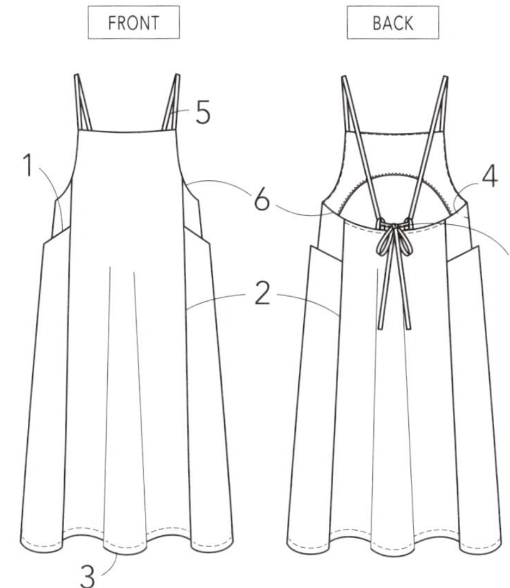

● 옷감을 마름질 하는 법

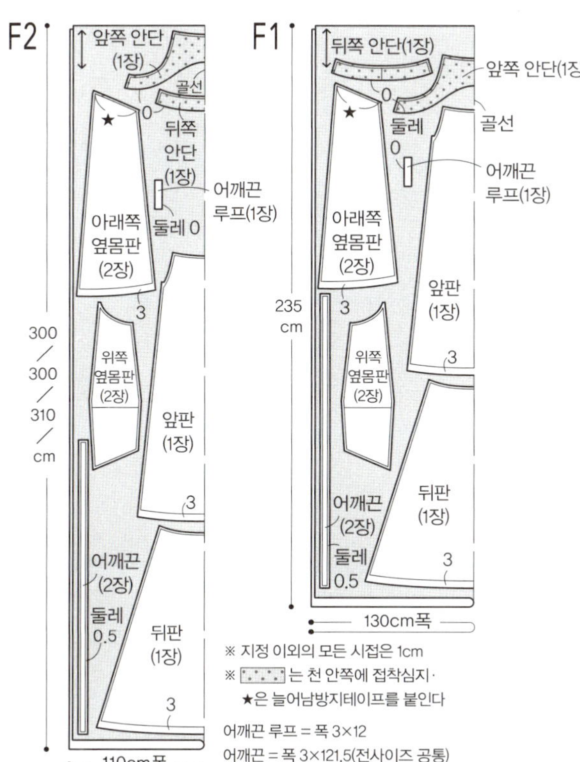

※ 지정 이외의 모든 시접은 1cm
※ 는 천 안쪽에 접착심지·
　★은 늘어남방지테이프를 붙인다

어깨끈 루프 = 폭 3×12
어깨끈 = 폭 3×121.5(전사이즈 공통)

1 주머니를 만든다

① 위쪽 옆몸판과 아래쪽
　옆몸판을 겉끼리 맞대고
　주머니 입구를 박는다

② 시접을 윗몸판 쪽으로
　넘기고 스티치를 넣는다

③ 주머니 입구에서 안끼리 맞대고
　접은 다음 다림질한다

④ 주머니 바닥을 접고 아래쪽
　옆몸판의 주머니 입구를 위쪽
　옆몸판의 주머니 맞춤표시에 맞추고
　양끝을 임시 고정한다

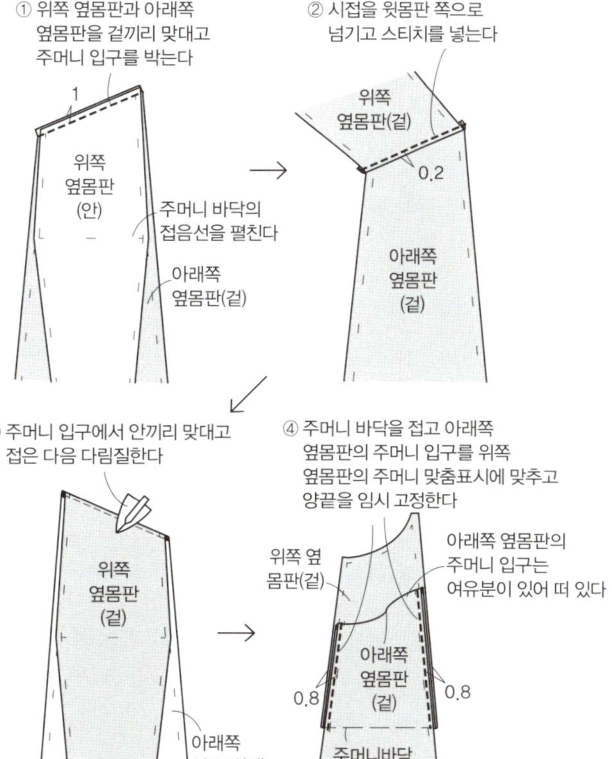

2 몸판 절개선을 박는다

앞판·옆판·뒤판을 겉끼리 맞대고 절개선을 박는다.
시접은 2장을 함께 가장자리 처리해서 각각 앞쪽·뒤쪽으로 넘긴다

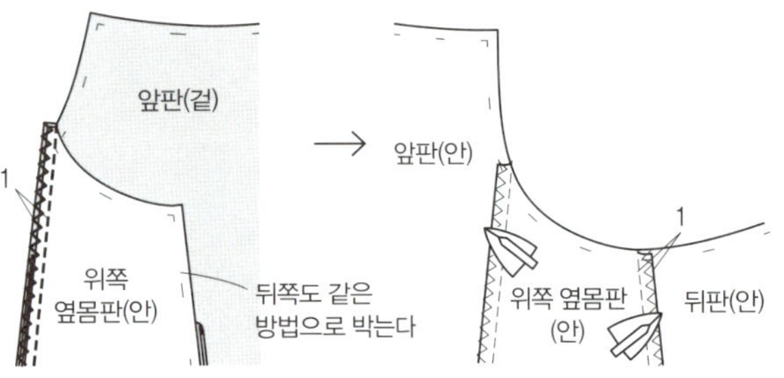

3 밑단을 박는다

밑단의 시접을 두 번 접어 박는다

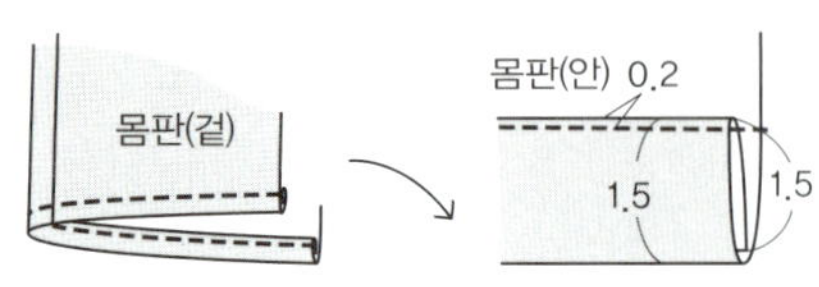

4 안단의 옆선을 박는다

① 앞뒤 안단을 겉끼리 맞대고 옆선을 박는다

② 시접을 가름솔로 다리고 아래 가장자리의 시접을 처리한다

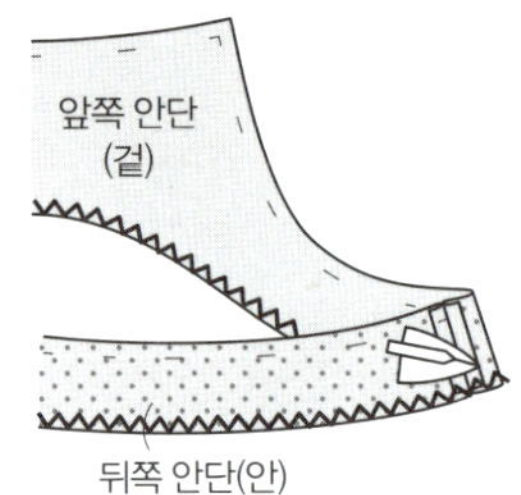

5 어깨끈·어깨끈 루프를 만든다

① 어깨끈과 어깨끈 루프를 각각 겉끼리 맞대고 박는다

② 겉으로 뒤집어서 다림질한다 어깨끈 루프는 반으로 자른다

6 가슴 상단~등 상단 연결하기

① 어깨끈과 어깨끈 루프를 앞판과 뒤판의 각각 위치에 맞게 앞뒤 몸판 사이에 끼워 넣고 임시로 고정한다

② 몸판과 안단을 겉끼리 맞대고 가슴 상단~등 상단을 연결해 박는다. 곡선 부분 시접에 가위집을 넣는다

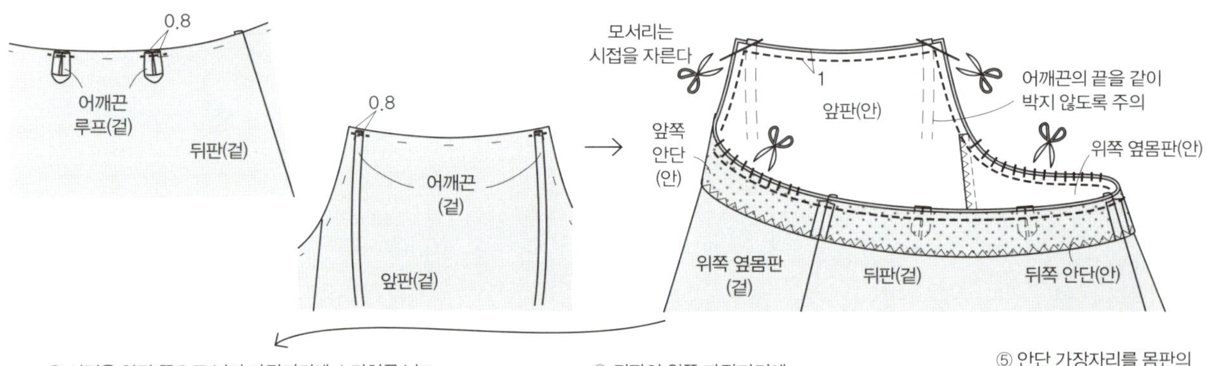

③ 시접을 안단 쪽으로 넘겨 가장자리에 스티치를 넣고 안단을 몸판 안쪽으로 뒤집은 다음, 다림질한다

④ 뒤판의 위쪽 가장자리에 겉에서 스티치를 넣는다

⑤ 안단 가장자리를 몸판의 시접에 박아서 고정시킨다

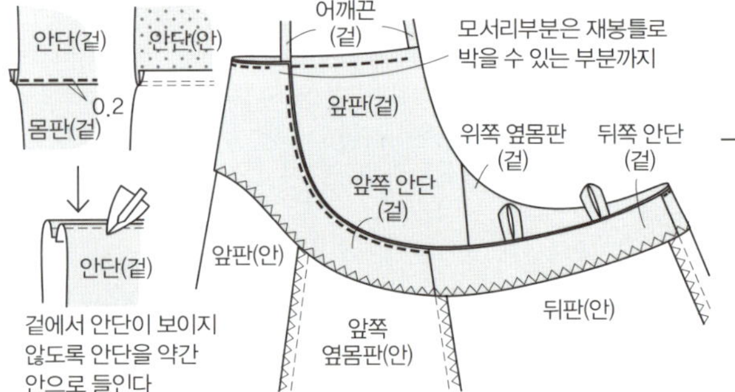

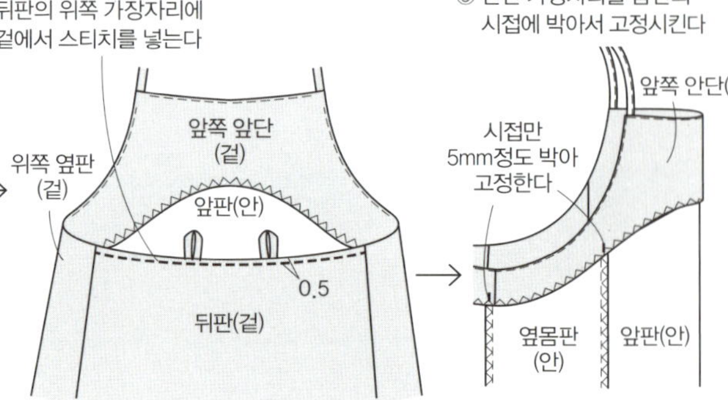

G1

앞주름 롱팬츠

G2

앞주름 크롭팬츠

● 실물크기 옷본 … 3면

● 완성치수(왼쪽부터 S / M / L)
허리(고무줄을 넣었을 때) … 65 / 68 / 71cm
허리(늘렸을 때 치수) … 91 / 95 / 99cm
[G1] 엉덩이 … 97 / 101 / 105cm
[G2] 엉덩이 … 103.5 / 107.5 / 111.5cm
[G1] 옆선길이 … 98cm(전사이즈 공통)
[G2] 옆선길이 … 82cm(전사이즈 공통)

● 재료(왼쪽부터 S / M / L)
[G1] 면마 헤링본 아이보리 … 106폭×265cm(전사이즈 공통)
[G2] 트윌 그레이 … 140cm폭×200cm(전사이즈 공통)
[공통]
접착심지 … 40×15cm(전사이즈 공통)
3cm폭 고무줄 … 39 / 40 / 41cm
1cm폭 늘어남방지테이프 … 50cm(전사이즈 공통)

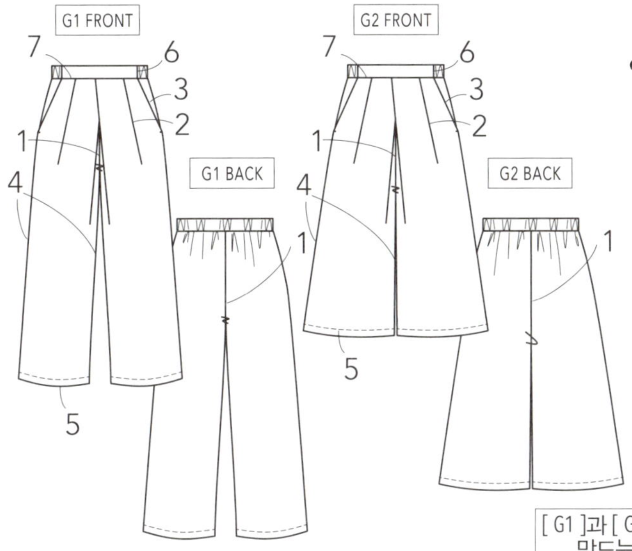

[G1]과 [G2]실루엣이 다르지만
만드는 방법은 같습니다

준비작업

앞팬츠의 턱 위치에 표시를 한다

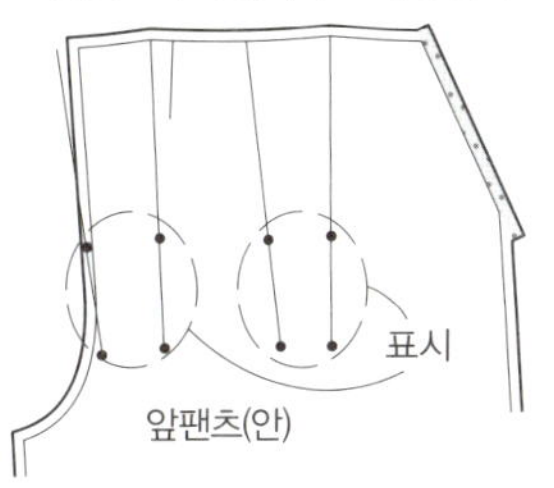

※ 표시한 자국이 눈에 잘 띄는 옷감의
경우에는 안쪽에 표시한다

박음질하기 전에 필요한 부분을
다림질해서 접어놓는다.

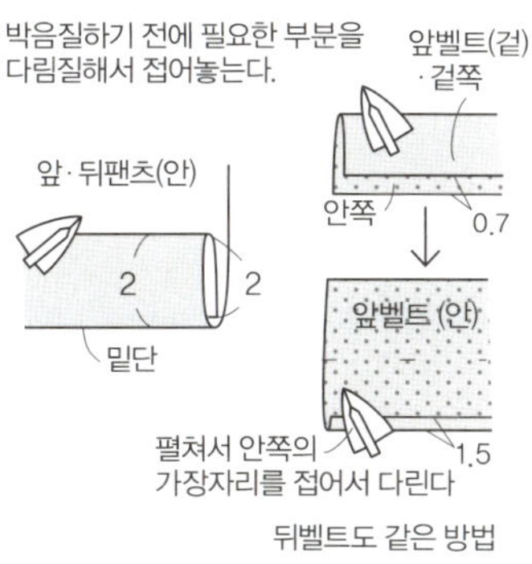

펼쳐서 안쪽의
가장자리를 접어서 다린다

뒤벨트도 같은 방법

턱 산에 확실한 접음선을 만들 때

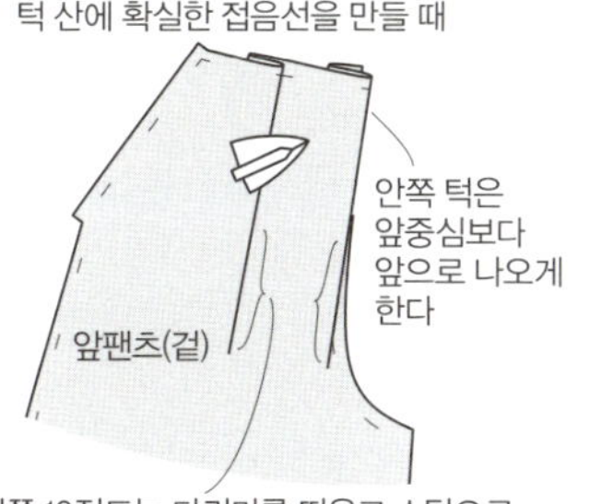

아래쪽 10정도는 다리미를 띄우고 스팀으로
자연스럽게 접음선을 없앤다

● 옷감을 마름질 하는 법

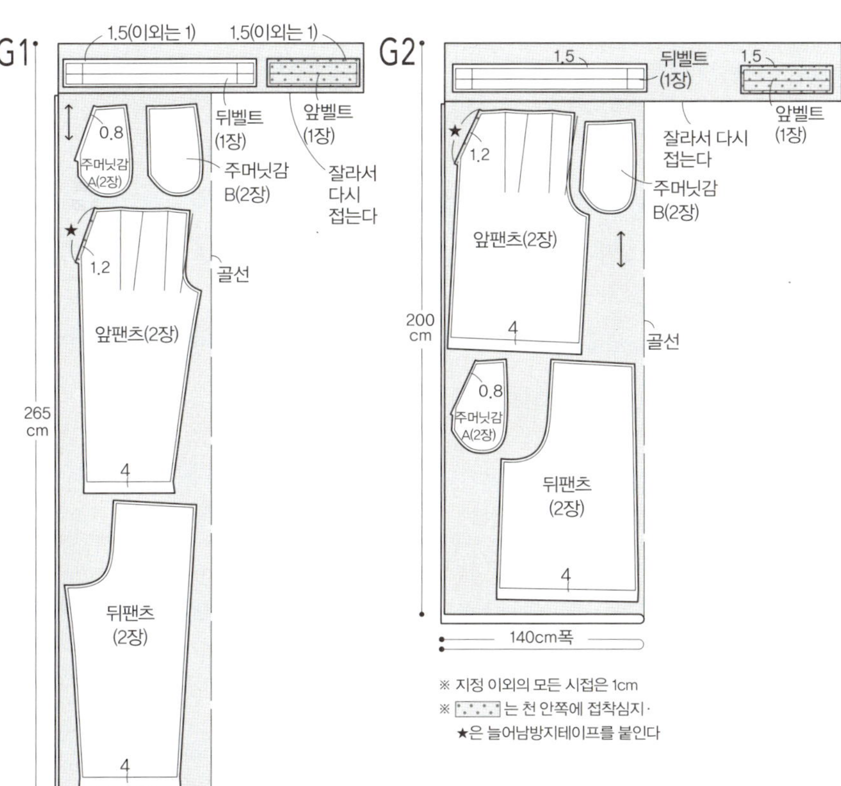

※ 지정 이외의 모든 시접은 1cm
※ ░░░ 는 천 안쪽에 접착심지·
　★은 늘어남방지테이프를 붙인다

1 밑위 곡선을 박는다

앞뒤팬츠를 각각 겉끼리 맞대고 박은 다음, 시접 2장을
함께 가장자리 처리해서 오른쪽으로 넘긴다

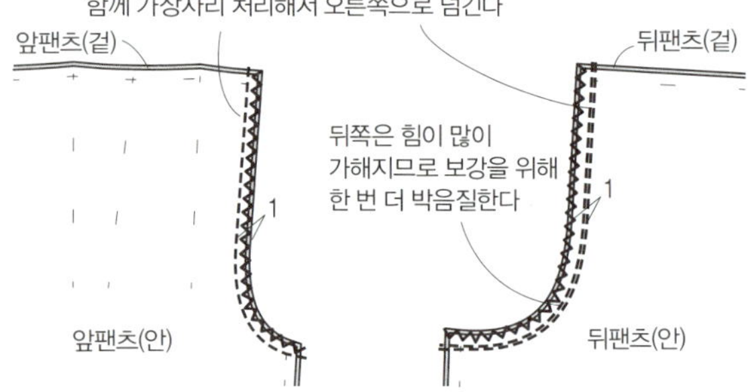

2 턱을 임시 고정한다

앞팬츠의 턱을 접어서 임시 고정한다

① 오른쪽 팬츠의 앞중심 쪽 턱산을 왼쪽
팬츠의 맞춤표시와 맞추고 접는다

② 왼쪽 바지의 앞중심 쪽 턱산을
오른쪽 팬츠의 맞춤표시와
맞추고 위로 포개 접는다

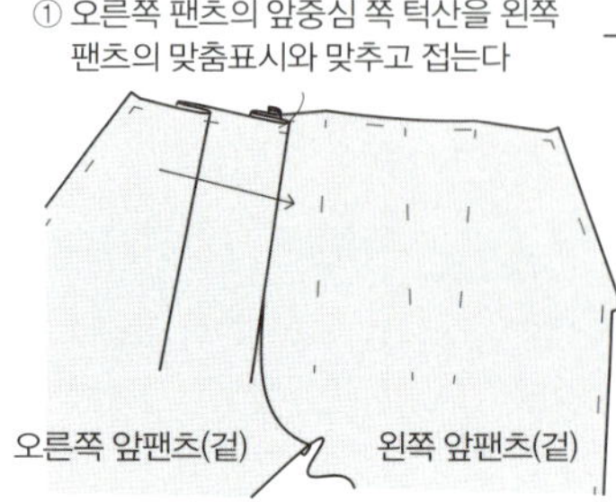

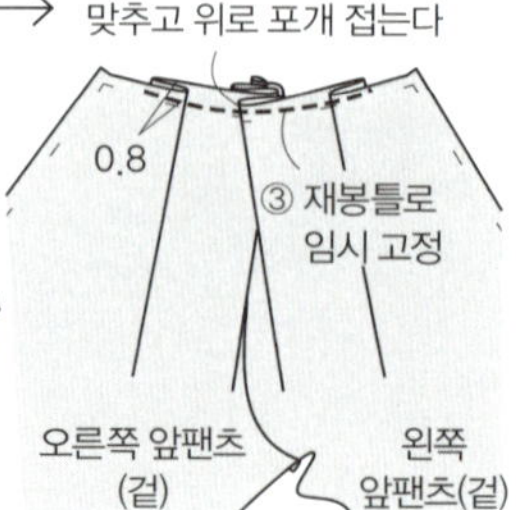

3 주머니를 박는다

① 앞팬츠와 주머닛감A를 겉끼리
맞대고 박는다

② 시접을 주머닛감A 쪽으로 넘기
고 스티치를 넣는다

③ 주머닛감A를 안쪽으로
뒤집어서 다림질한다

④ 주머닛감B와 겉끼리 맞대고 둘레를 박은
다음, 2장을 함께 가장자리 처리한다

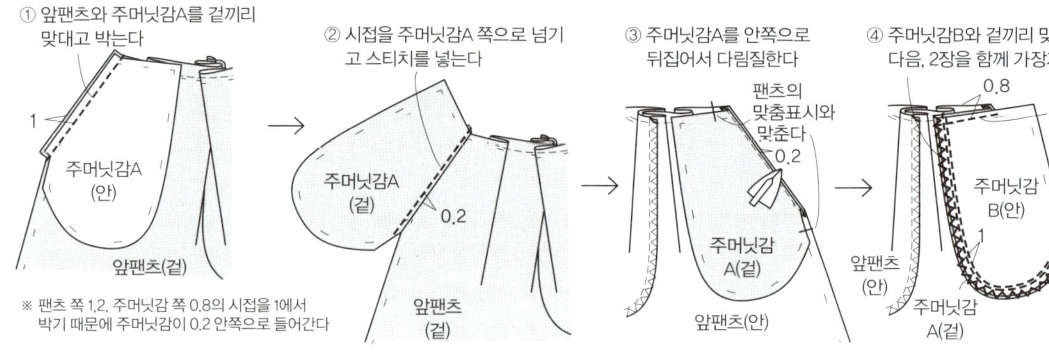

※ 팬츠 쪽 1.2, 주머닛감 쪽 0.8의 시접을 1에서
박기 때문에 주머닛감이 0.2 안쪽으로 들어간다

4 몸판 옆선 · 밑아래를 박는다

① 앞뒤팬츠를 겉끼리 맞대고 몸판옆선과 밑아래를
박은 다음, 시접 2장을 함께 가장자리 처리해서
뒤쪽으로 넘긴다

② 주머니 입구의 아래쪽
끝을 2~3땀 되돌아
박는다

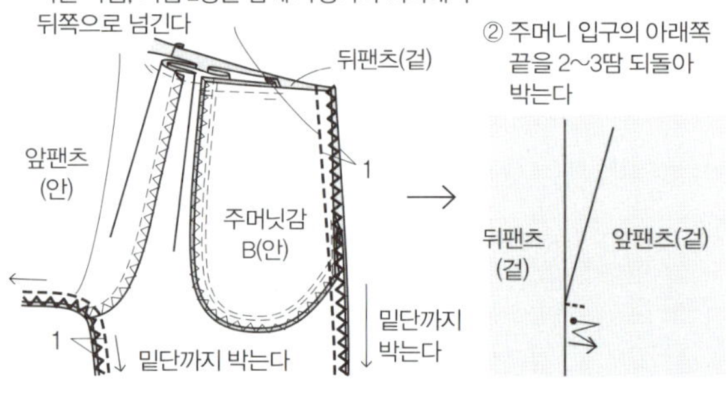

5 밑단을 박는다 * p.78의 1을 참조

6 벨트를 박는다

앞뒤 벨트를 겉끼리 맞대고 박은 다음
시접을 가름솔로 다림질한다

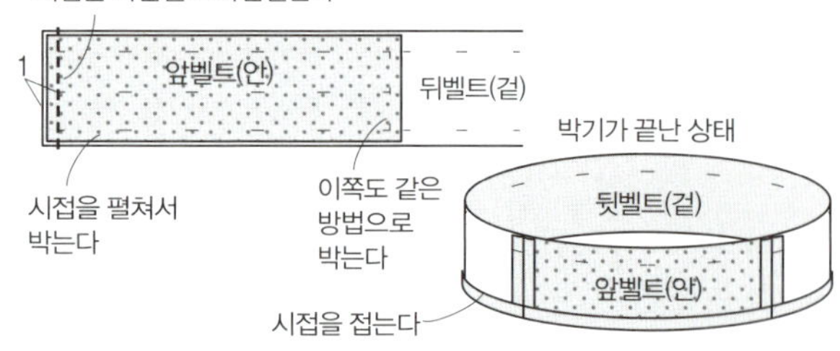

7 벨트를 단다

① 벨트 겉쪽(시접을 접어놓지
않은 쪽)과 팬츠를 겉끼리
맞대고 박은 다음, 시접을
벨트쪽으로 넘긴다

② 벨트 안쪽을 시접으로
감싸고 뒤벨트에만 겉에서
숨겨박기한다.

③ 뒤 벨트에 고무줄을 넣고,
앞·뒤 벨트의 이음선에
숨겨박기하고 양쪽 끝을
고정한다.

④ 뒤 벨트와 동일하게 앞 벨트의
이음선에도 숨겨박기한다.

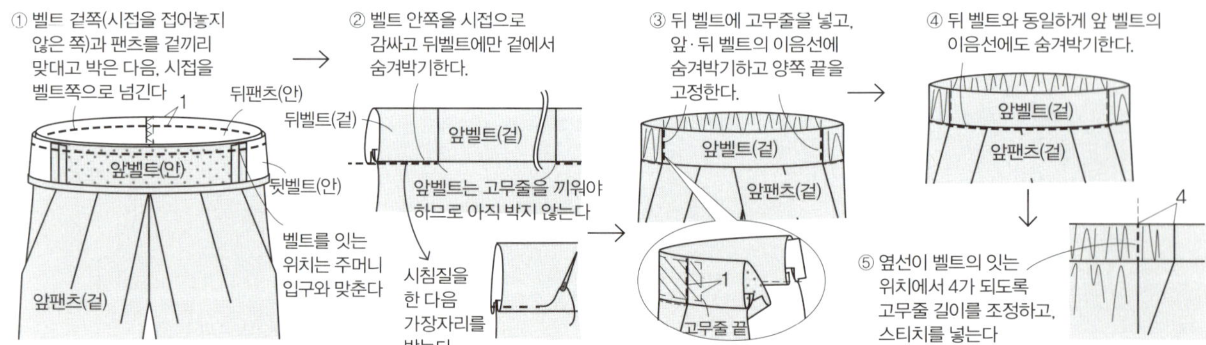

H2

랩스타일 미디주름스커트

- 실물크기 옷본 … 4면

- 완성치수(왼쪽부터 S / M / L)
  허리(고무줄을 넣었을 때) … 66 / 70 / 74cm
  스커트길이(허리선 윗단부터) … 88.5cm(전사이즈 공통)

- 재료(왼쪽부터 S / M / L)
  선염 자카드 화이트 블랙 … 110cm폭×300cm(전사이즈 공통)
  리본 및 벨트용 테이프 … 3.8cm폭×195 / 200 / 205cm
  3cm폭 고무줄 … 32 / 36 / 40cm
  D링 … 안지름 4cm 2개
  1cm 갈고리단추 … 1세트
  단추 지름 1.5cm … 1개
  루퍼 … 1개(같은 원단으로 루프를 만들 경우에는 필요 없음)

준비작업

p.78 참조. 벨트는 생략
테이프를 자른다
S … 리본용 100 / 벨트용 95
M … 리본용 100 / 벨트용 100
L … 리본용 100 / 벨트용105

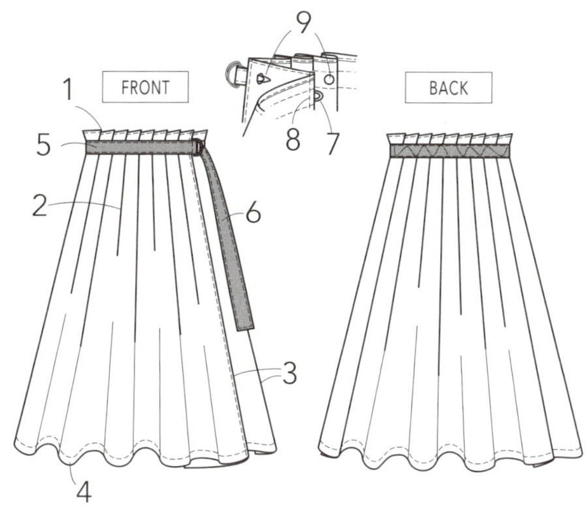

- **옷감을 마름질 하는 법**

※ 지정 이외의 모든 시접은 1cm

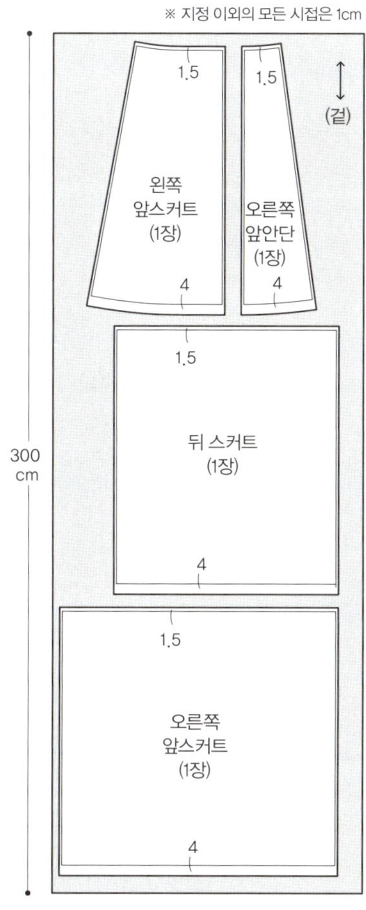

※ 같은 옷감으로 루프를 만들 경우 2×5cm 크기로
바이어스방향에 맞춰 1장을 마름질한다

1 위가장자리를 박는다　＊ p.78의 1을 참조(밑단은 아직 접지 않는다)

2 턱을 임시 고정한다

오른쪽 앞스커트의 [산]은 [★ 턱산 맞춤선]에, 그 외 부분의 [산]은 [☆플리츠
맞춤선]에 맞추고 벨트 위치～아래는 원하는 턱길이까지 다림질해서 접어
시침핀으로 고정한다

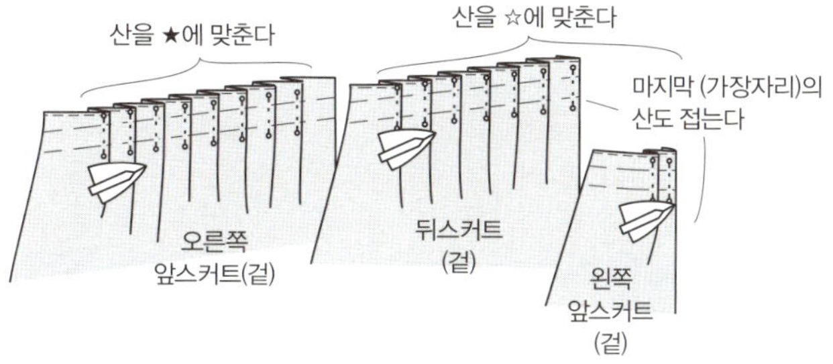

3 몸판 옆선과 오른쪽 앞가장자리를 박는다　＊ p.79의 3을 참조. 밑단 시접의
삼각 보강박기는 필요 없음

4 밑단을 박는다　＊ p.78의 1을 참조

5 벨트를 단다　＊ p.79의 4를 참조. 테이프를 사용한다

6 왼쪽 옆선 리본을 박는다

테이프를 반으로 접어 스티치를 넣는다

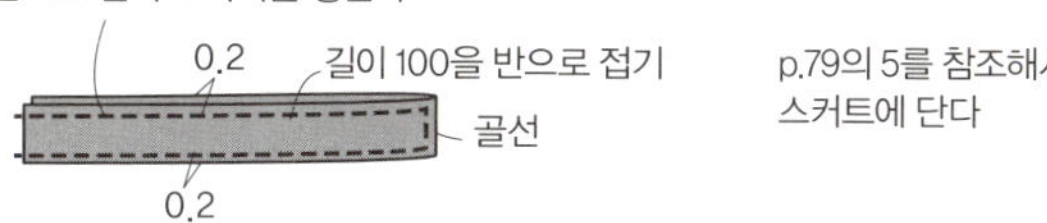

7 루프를 단다　＊ p.51의 7을 참조해서 만들고 오른쪽 앞안단 안쪽면의 지정된
위치에 임시 고정한다

8 오른쪽 앞안단 안쪽을 박는다　＊ p.79의 7을 참조

9 단추와 갈고리버튼을 단다　＊ p.79의 8을 참조

H1

랩스타일 롱주름스커트

- 실물크기 옷본 … 4면

- 완성치수(왼쪽부터 S / M / L)
  허리(고무줄을 넣었을 때) … 66 / 70 / 74cm
  엉덩이(플리츠를 잡은 상태에서 측정한 사이즈) … 85 / 90 / 95cm
  스커트길이(윗단부터) … 97.5cm(전사이즈 공통)

- 재료(왼쪽부터 S / M / L)
  폴리에스테르 텐셀 리오셀 오프화이트
  … 140cm폭×330cm(전사이즈 공통)
  접착심지 … 25×60cm | 3cm폭 고무줄 … 32 / 36 / 40cm
  D링 … 안지름 4cm 2개 | 1cm 갈고리단추 … 1세트
  단추 1.5cm지름 … 1개
  루퍼 … 1개(같은 옷감으로 루프를 만들 경우에는 필요 없음)

준비작업

박음질하기 전에 필요한 부분을 다림질해서 접어놓는다.

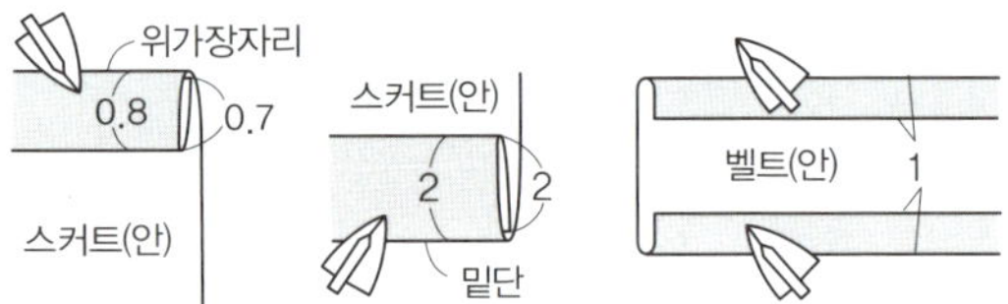

1 위가장자리와 밑단을 박는다

스커트와 오른쪽 앞안단의 위가장자리와 밑단의 시접을 두 번 접어 박는다

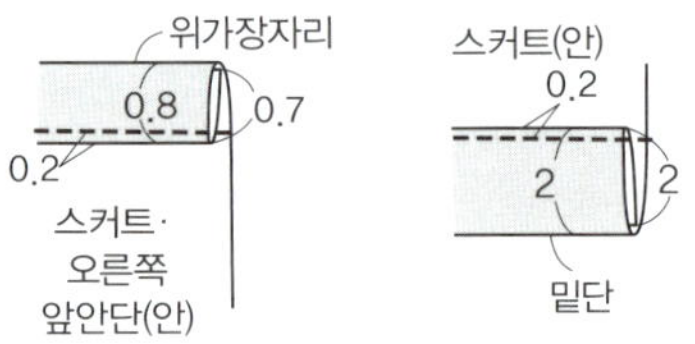

2 플리츠를 접는다

① 플리츠의 [산–접히는 돌출부분]을 [☆플리츠 산 맞춤선]에 맞춰서 밑단까지 다리미로 눌러 접어 시침핀으로 고정한다.

② 오른쪽 앞스커트만 일단 시침핀을 빼고 [★턱의 산 맞춤선]과 같은 라인에 재배치한다

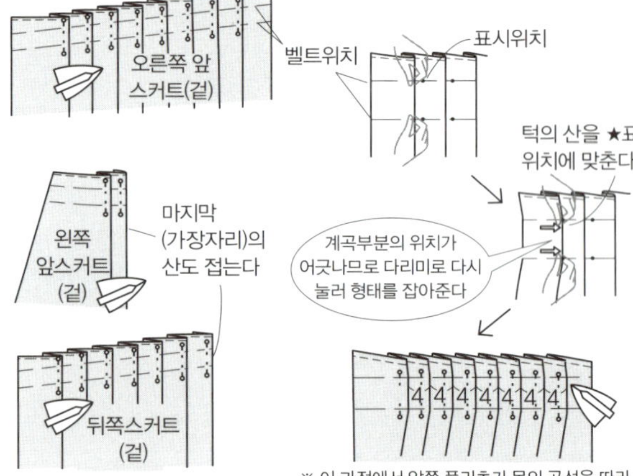

※ 이 과정에서 앞쪽 플리츠가 몸의 곡선을 따라 자연스럽게 떨어지는 실루엣이 된다

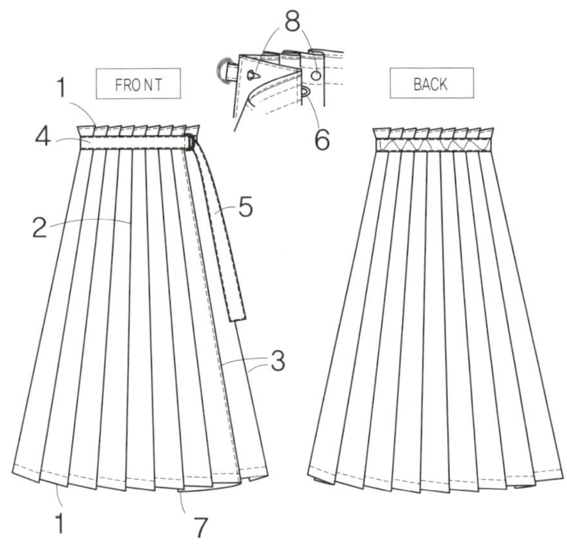

● 옷감을 마름질 하는 법

※ 지정 이외의 모든 시접은 1cm
※ [┈┈] 는 천 안쪽에 접착심지를 붙인다

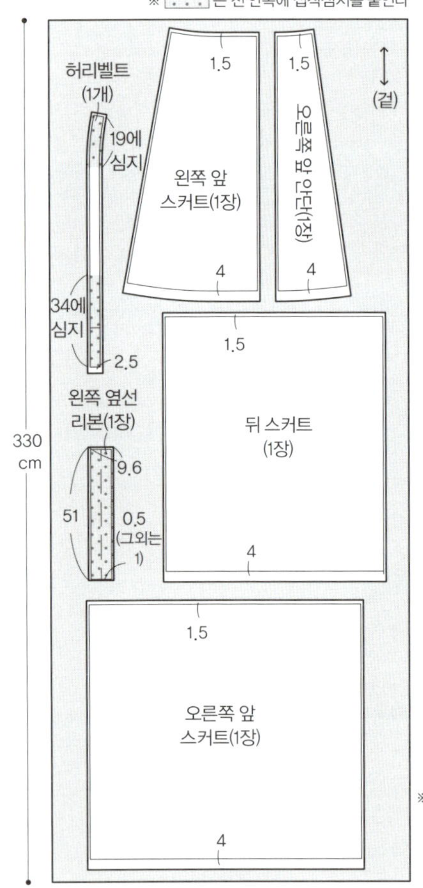

※ 같은 옷감으로 루프를 만들 경우 2×5cm 크기로 바이어스방향에 맞춰 1장을 마름질한다

3 몸판 옆선과 오른쪽 앞가장자리를 박는다

① 앞뒤스커트와 오른쪽 앞안단을 각각 겉끼리 맞대고 박는다

② 네 곳의 시접 위아래 끝은 삼각형으로 접어서 되돌아박는다

③ 모든 플리츠를 잡아 벨트위치 안쪽에서 재봉틀로 임시 고정한다

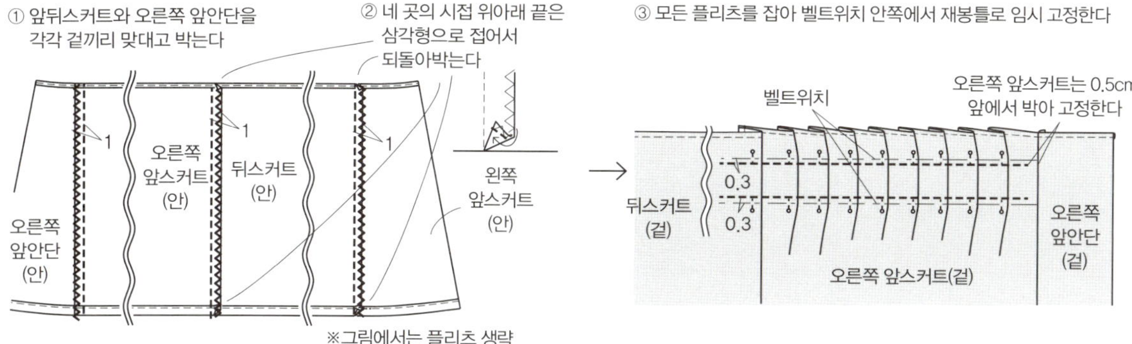

4 벨트를 단다

① 벨트 끝에 스티치를 넣고 D링을 끼운 후 박아서 고정한다

② 벨트를 스커트의 지정된 위치에 올리고 뒤스커트의 고무줄 끼우는 곳에만 스티치를 한다

③ 뒤벨트에 고무줄을 끼우고 양 끝에 스티치를 박아 고정한다

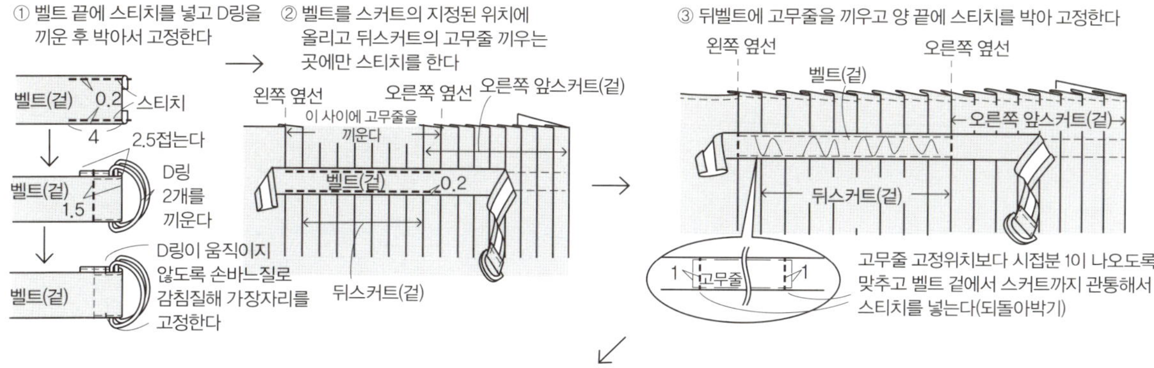

5 왼쪽 옆선에 리본을 박는다

④ 벨트의 남은 부분에 스티치를 넣는다

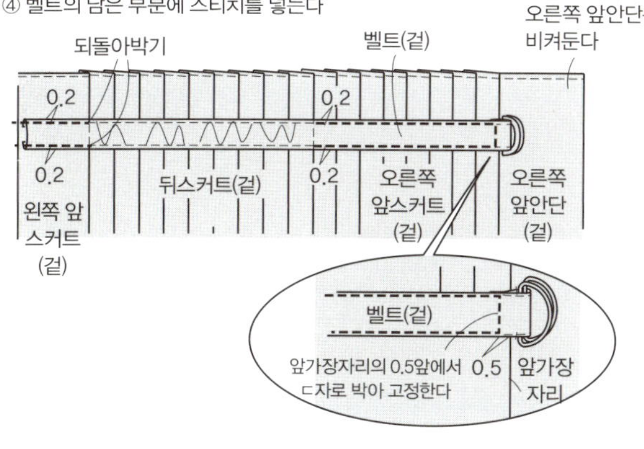

① p.69의 8의 벨트를 참조해서 왼쪽 옆선에 리본을 박는다

② 지정된 위치에 왼쪽 리본을 단다

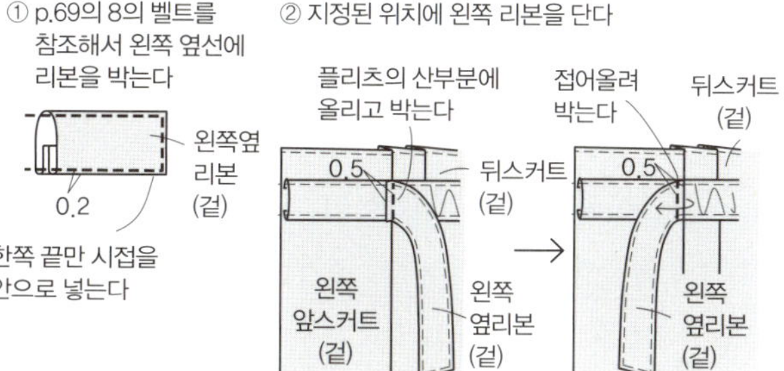

6 루프를 단다

＊ p.51의 7을 참조해서 만들고 오른쪽 앞안단 안쪽면의 지정된 위치에 임시 고정한다.

7 오른쪽 앞안단의 안쪽을 박는다

① 오른쪽 앞안단과 왼쪽 앞스커트를 통솔로 박는다

③ 오른쪽 앞가장자리에서 접고 스티치를 넣는다

8 단추과 갈고리단추를 단다

플리츠를 다림질로 정돈하고 지정된 위치에 단추와 갈고리단추를 단다

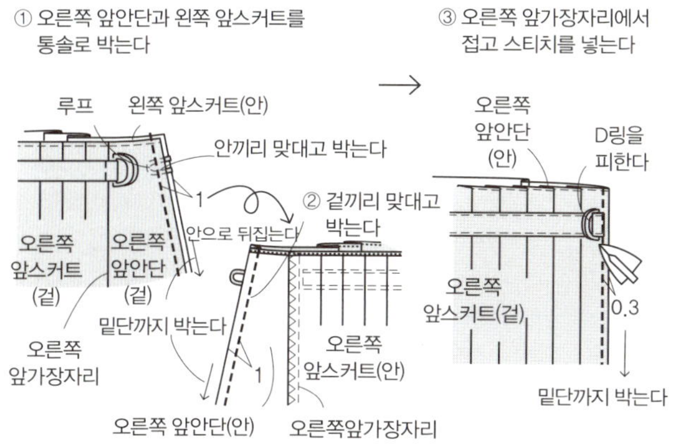

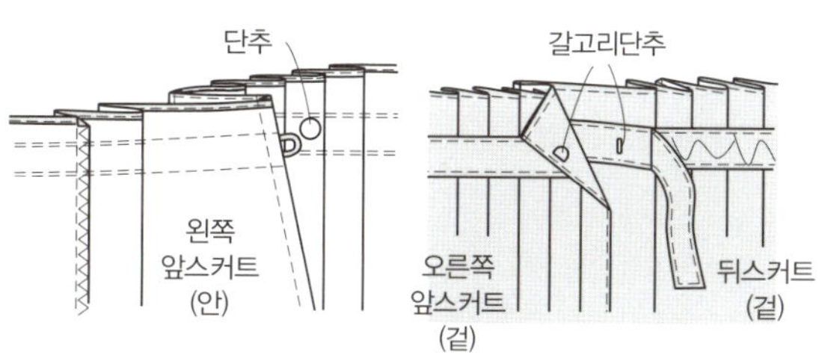

매일 입고 싶은 스타일리시한 옷

1쇄 펴낸날 2026년 1월 5일

지은이 _ think pattern
옮긴이 _ 김수정
펴낸이 _ 정원정, 김자영
편집 _ 홍현숙
디자인 _ 김민정

펴낸곳 _ 즐거운상상
주소 _ 서울시 중구 충무로 13 엘크루메트로시티 1811호
전화 _ 02-706-9452 팩스 _ 02-706-9458
전자우편 _ happydreampub@naver.com
인스타그램 _ happywitches
출판 등록 _ 2001년 5월 7일
인쇄 _ 천일문화사

ISBN 979-11-5536-243-3 (13630)